LE MONDE SELON ZEMMOUR

Récit imaginaire d'un rêve brisé

Pour vous tenir informé des prochaines publications de Mareuil Éditions, rendez-vous sur : www.mareuil-editions.com

Gilles Gaetner

LE MONDE SELON ZEMMOUR

Récit imaginaire d'un rêve brisé

Mareuil
Éditions

Sommaire

AVERTISSEMENT

Ce livre, qui est une pure fiction, imagine l'élection d'Éric Zemmour à la présidence de la République le 24 avril 2022. Il imagine également l'atmosphère qui en résulterait dans le pays et analyse la politique que le nouveau chef de l'État s'apprêterait à appliquer. Sont mis en scène des personnages qui existent en leur prêtant certains choix lors de l'arrivée au pouvoir d'Éric Zemmour et des sollicitations de ce dernier à leur endroit. Ce récit est le fruit de l'imagination de l'auteur.

CHAPITRE 1

ILS SONT VENUS… ILS SONT TOUS LÀ

Il y a foule ce lundi matin 2 mai 2022 dans la salle des Fêtes de l'Élysée. Principalement des représentants de l'extrême droite. Du jamais vu. Dans quelques instants, l'ancien journaliste du Figaro, *essayiste à succès, Eric Zemmour, élu le 24 avril, sera officiellement déclaré président de la République. En présence du président du Conseil constitutionnel, Laurent Fabius, et du Grand chancelier de la Légion d'honneur. Qui est le nouveau chef de l'État qui vient de battre le sortant Emmanuel Macron ? Serait-il le Trump français ? Ou alors une sorte de général Boulanger ?*

Salle des fêtes de l'Élysée, lundi 2 mai 2022, 10 heures du matin. Le gotha de l'extrême droite française s'apprête à assister à l'investiture d'Éric Zemmour. L'ancien journaliste du *Figaro* va devenir officiellement le neuvième président de la Ve République. Personne n'aurait parié 1 euro sur son succès, il y a encore huit mois… Zemmour refait le coup que Macron, cinq ans plus tôt, avait réussi, sans l'aide d'un parti et sans jamais avoir détenu un mandat électoral. Encore que Macron n'était pas un novice absolu en politique. Il avait été ministre de l'Économie après avoir occupé les fonctions de secrétaire général adjoint de la présidence de la République sous François Hollande.

Éric Zemmour vient directement d'une salle de rédaction, d'observateur de la vie politique il en devient acteur et rejoint le club très fermé des candidats improbables, sur la planète, qui ont réussi le tour de force d'accéder au pouvoir en bousculant convenances et traditions. C'est le cas du blogueur et humoriste Beppe Grillo, qui, à la tête de son Mouvement 5 étoiles, obtiendra 25 % de voix aux élections italiennes de 2013. C'est le cas également de l'acteur Zelensky, qui, après avoir joué un rôle de président au cinéma, se présente aux élections – les vraies – et est élu président de l'Ukraine. On pourrait citer le cas du milliardaire Donald Trump, qui n'a jamais été membre du Congrès, dont les outrances ont séduit les Américains.

En France, c'est un sentiment d'admiration, d'incrédulité ou d'exaspération qui prévaut à l'élection de l'ancien journaliste. Selon que l'on apprécie ou pas l'homme ! On pensait que Macron en reprendrait pour cinq ans. Comme quoi, en politique, l'incertitude est la seule certitude. Comme quoi, dans l'histoire de la République, on n'a jamais vu un phénomène du genre de celui de Zemmour. Sauf, peut-être, l'épisode du général Boulanger sous la IIIe République qui déchaîna la passion chez le bon peuple : « C'est Boulange' qu'il nous faut ! » L'aventure se terminera mal.

Qui est-il donc, ce nouveau venu à l'Élysée ? Avec ses prédécesseurs, la réponse était aisée. Chirac avait tout d'un rad-soc. Sarkozy d'un libéral autoritaire. Hollande d'un socialiste provincial. Macron d'un mélange de Giscard et de Rocard. Et Zemmour ? Nationaliste ? Réactionnaire ?

Souverainiste de droite ? Antieuropéen ? Xénophobe ? Il est tout cela sans doute. C'est aussi un aventurier, un brin mégalomane qui dit tout haut ce qu'il pense. S'il choque, il s'en contrefiche. La bienséance, la doxa, des notions qu'il cite sans cesse, ce n'est pas son truc. On l'admire autant qu'on le déteste. On loue sa culture, vraie ou supposée. Sa facilité à citer Chateaubriand, Renan, Bainville, Péguy, Victor Hugo et d'autres fascine.

En revanche, sa vision du rôle de Pétain vis-à-vis des juifs français ne fascine pas du tout. Lui, qui se prétend historien, ose dire que Pétain a sauvé les Juifs pendant l'Occupation. Peu importe que ces Juifs fussent français ou pas... Qu'il demande l'avis des familles des 75 000 hommes, femmes et enfants qui ont été expédiés dans les camps de concentration, il verra l'accueil qui lui sera réservé. Des documents attestent que la police française est allée bien souvent au-devant des desiderata de l'occupant pour envoyer les Juifs dans les chambres à gaz. De même, n'est-il pas scandaleux de dire que Jonathan Sandler et ses deux enfants, Arié et Gabriel, ainsi que la petite Myriam, assassinés par Mohammed Merah, n'auraient pas dû être enterrés en Israël, mais en France ?

Et les soldats américains tombés pour la libération de la France en 1944 et enterrés en Normandie, ont-ils trahi les États-Unis ?

M. Zemmour perd-il la tête ? A-t-il oublié qu'il a fréquenté, enfant, l'école Lucien-de-Hirsch, première école juive implantée en France ? Cette question en appelle une autre : pourquoi les intellectuels, universitaires, écrivains, et les organisations religieuses n'interpellent-ils pas M. Zemmour sur cette question ? Ou plutôt si... Mais avec trois à quatre semaines de retard.

Et les gaullistes, les vrais, pourquoi ne martèlent-ils pas au « gaulliste » Zemmour que le général de Gaulle sera déchu de la nationalité française par un décret signé du maréchal Pétain le 8 décembre 1940 ? Et qu'il fut un temps apatride, avant de recouvrer tous ses droits. Pourquoi Éric Zemmour, le « gaulliste », ne dit-il pas que le gaullisme, c'est aussi la réunion, le brassage, de personnes de toutes tendances, origines races, religions ? Oublierait-il que, parmi les compagnons de la Libération, on comptait des jeunes d'extrême droite, des communistes, des juifs, des catholiques, des Maghrébins, des Africains, tous unis par un même objectif : l'amour de la France ?

Quand notre nouveau Messie parle, on l'écoute. Il retient l'attention. Il a l'art du récit. Son discours peut agacer, mettre en colère, mais il a une vertu : avec lui, on ne s'endort pas. Drôle de personnage que ce président de la République. Drôles de gens que ces Français qui l'ont élu. Voilà un candidat qui, pendant toute la campagne, engueule, rudoie les citoyens, lors de diverses rencontres. Pourtant, il réussit à conquérir leurs suffrages !

C'est « un type d'extrême droite », dit de lui Alexis Corbière, député de La France insoumise. « Il est raciste », renchérit Anne Hidalgo, la maire de Paris. « Nous ne partageons pas les mêmes valeurs », martèle le président du Sénat, Gérard Larcher… Il nous a piqué nos idées, estime, passablement énervée, Marine Le Pen. Car enfin la lutte contre le trop-plein d'immigrés, la délinquance, le trafic de drogue, le référendum d'initiative populaire, la misère de la justice, les lois non respectées, l'islamisme, qui en parle depuis plus de vingt ans ?, répète à longueur de meetings, d'interviews, de rencontres la fille de Jean-Marie Le Pen… Sans doute. Désormais, les querelles entre l'extrême droite mollassonne (celle de la fille de Jean-Marie Le Pen) et l'extrême droite bouillonnante (celle du nouveau chef de l'État et de son associée, Marion Maréchal) sont gommées. Au moins en apparence. La collaboration est en marche. Dès

9 h 30, ce 2 mai, quelques figures familières du clan mariniste, comme Jordan Bardella, 26 ans, chouchou de Marine, Louis Aliot, David Rachline, Sébastien Chenu et l'avocat Gilbert Collard, attendent patiemment l'ouverture des portes de l'Élysée. Comme s'ils allaient assister à une pièce de théâtre. Une absence remarquée : celle de Marine Le Pen. On la dit exténuée, dépressive. Elle croyait à sa victoire. Elle avait imaginé la cérémonie d'investiture dans la salle des fêtes de l'Élysée. Même à la troisième fois. Comme Mitterrand et Chirac. Le dimanche 24 avril au soir, vers 20 h 30, elle a passé un coup de fil au nouveau président pour le féliciter. Puis, elle a filé, avec son garde du corps, le fidèle Thierry Légier, à La Trinité-sur-Mer, là où le clan Le Pen passait ses vacances. Là où la jeune Marine, avec ses sœurs, fréquentait le *Stirwen*, à Carnac, une boîte de nuit créée par Alain Barrière. Elle devrait y rester quinze jours, le temps de se décongestionner de la politique. Et après ? On verra…

Pour revenir à cette bande joyeuse qui patiente devant l'Élysée, on se demande comment elle peut oublier que l'élection de Zemmour est sa défaite. Comment ne pas penser à l'interview de Jordan Bardella, le président par intérim du RN, donnée au *Figaro*, à la fin du mois d'octobre 2021, au moment où les sondages en faveur du polémiste s'envolaient. Zemmour caracolait en deuxième position des candidats, avec 18 %, derrière Emmanuel Macron qui stagnait à 23 % d'intentions de vote. Quant à Marine Le Pen, elle était à 14 %, soit 12 points de moins qu'en juin 2021. Voilà ce que disait Bardella, le chouchou de Marine : « C'est vrai, nos sondages ne sont pas aussi bons que nous l'espérions. Les sondages, ça va et ça vient. Si Marine passait le matin sur BFM, à l'heure du déjeuner sur CNews, le soir encore sur CNews, “la chaîne Zemmour” avec Pascal Praud, nous serions à 22 ou 23 %. Je constate que, depuis quelques semaines, nous ne sommes plus invités sur les chaînes de télévision. Je pose la question, y aurait-il une alliance cachée, un pacte secret, scellé entre M. Zemmour et M. Macron ? »

*

La salle des fêtes de l'Élysée est un lieu mythique. Mille mètres carrés de surface où l'on organise des réceptions qui restent gravées dans les mémoires : remises de Légion d'honneur, conférences de presse du président de la République, accueil de chefs d'État étrangers, d'hôtes de marque, comme des artistes ou écrivains mondialement connus. Cet espace a été relooké, il y a quatre ans, à l'initiative de Brigitte Macron. Envolées la moquette et les tentures rouges imposées en 1889, par le président Sadi Carnot ! Décrochés les lustres grand siècle ! Trop pompier aux yeux de Brigitte. Sobriété oblige, gris et beige ont remplacé le rouge. Plus reposant.

11 heures. Le président, élu le 24 avril, arrive à pied à l'Élysée, en compagnie de son épouse, Mylène, comme Valéry Giscard d'Estaing en mai 1974. Emmanuel Macron l'attend sur le perron. Accueil républicain. Sans fioritures. Légère esquisse, de part et d'autre, d'un sourire… crispé. Puis, direction l'un des salons où le président, en exercice pour quelques minutes encore, informe son successeur de certains secrets d'État et lui transmet les codes d'accès de la frappe nucléaire, qui est de la compétence exclusive du chef de l'État. Après vingt minutes d'entretien, Éric Zemmour raccompagne Emmanuel Macron jusqu'à la cour d'honneur.

11 h 40. C'est fini. Le rêve de Macron commencé il y a cinq ans est stoppé net. À quoi pense-t-il ? À sa marche

jupitérienne dans la cour du Louvre du 7 mai 2017, scandée par l'*Hymne à la joie* de Beethoven ? À sa défaite alors que sa victoire avait suscité tant d'espoirs ? À son arrogance, dont il paie le prix ? L'enfant gâté en a-t-il trop fait ? Il y a du Giscard dans le Macron qui quitte le pouvoir. Avec sa dose de sentiment d'amertume, d'incompréhension, d'injustice et d'ingratitude. Tout le contraire de ce qui se passe dans la tête du nouveau président qui regarde le SUV Peugeot 5008 de Macron, dans lequel a pris place Brigitte, passer sous le porche et quitter l'Élysée. Soudain, des cris jaillissent de la cour d'honneur. Ils émanent du personnel de l'Élysée qui applaudit de longues minutes le président. Emmanuel Macron, en une poignée de secondes, est devenu un ex-président de la République française.

Midi. Retour à la salle des fêtes. D'ici à quelques minutes, dans ce lieu, témoin grandiose et muet des conférences de presse du général de Gaulle, Éric Zemmour sera officiellement investi neuvième chef de l'État de la Ve République. Pour la première fois, un pied-noir, originaire d'Algérie, de religion juive, peu pratiquant, dit-on – il a fréquenté la synagogue jusqu'en 2013 –, arrive à l'Élysée.

Le président est ému ; quelques larmes perlent sur ses joues. Il pense à son ami Philippe Martel, énarque, penseur intense, mort prématurément en 2020. Ancien chef du cabinet de Juppé, il était passé vers l'autre rive en devenant directeur du cabinet de Marine Le Pen, rencontrée grâce à un camarade de promotion, Paul-Marie Coûteaux. Puis, la politique l'a lâché… ou inversement.

Les invités se pressent. Représentants des corps constitués, ambassadeurs, mais aussi des gens qu'on n'a pas l'habitude de voir. Et même pas du tout. C'est la première fois que cet espace républicain accueille autant de responsables, de militants et d'élus de l'extrême droite de notre pays. Regardez-les comme ils sont sages. Comme ils sont timides ! Endimanchés ! On leur donnerait l'Élysée sans confession. Et demain, l'Assemblée nationale ? On en reparlera dans quatre à cinq semaines. Le Parti socialiste (PS) a patienté vingt-trois ans pour conquérir le pouvoir. La droite extrême n'a jamais connu cette joie. En mars 1986, lors des élections législatives, elle n'avait décroché que quelques strapontins sous l'étiquette Front national (FN).

Revue de détails. Citons quelques noms de l'escouade de Zemmour. Deux visages se dégagent. C'est d'abord celui d'un homme peu connu du grand public, qui a joué un rôle important dans sa victoire. Il a dirigé sa campagne au cordeau. Comme on dirige un bataillon. Et ça a marché. Son nom : Bertrand de La Chesnais, ancien major général de l'armée de terre. Âgé de 63 ans, comme Éric Zemmour, proche de Pierre de Villiers, l'ancien chef d'état-major des armées, et conseiller municipal (RN) de Carpentras. Grâce à lui, l'ancien polémiste a pu rallier bon nombre de suffrages au sein de la grande muette qui, on le sait, aime l'ordre et la discipline…

Le second visage qui scrute attentivement l'assistance, c'est celui d'une jeune femme, la trentaine à peine. Ancienne élève de l'ENA, magistrate à la Cour des comptes en disponibilité, aux relations longues comme le bras (Hubert Vedrine, Jean-Pierre Chevènement, etc.). C'est la muse du nouveau président. Joli minois, Sarah Knafo a tapé dans l'œil de Zemmour. Depuis des mois, elle l'épaule, lui choisit ses interlocuteurs. Ayant pour mentor Henri Guaino, Sarah qui est une amie de la famille Zemmour fait la une de *Paris Match* le 23 septembre 2021. Le cliché fait jaser et entraîne une plainte du duo pour atteinte à la vie privée. Lorsqu'il découvre l'hebdomadaire, Zemmour est écœuré. « On brise ma vie privée, confie-t-il à son ami Thierry Deransart, chargé de ses relations avec la presse. Je sais d'où vient ce mauvais coup : de l'Élysée, dont *Paris Match* est le caniche. »

Cette photo volée aurait accentué la détermination d'Éric Zemmour à se présenter à l'élection présidentielle. Rien ne se fait sans le feu vert de Sarah. Elle a dit oui. La guerre Macron-Zemmour, pour l'instant des escarmouches, commence.

Pour le reste figurent parmi les invités historiques de ce 2 mai 2022 – jamais l'extrême droite n'avait investi les ors de la République – des journalistes ou essayistes amis. Que ce soit Ivan Rioufol, chroniqueur au *Figaro*, Thierry Deransart, rencontré à *Valeurs actuelles*, ou Mathieu Bock-Côté, qui nous vient du Québec. Proche de Michel Onfray et d'Alexandre Devecchio, rédacteur en chef au *Figaro*, Bock-Côté, 41 ans, chroniqueur sur CNews, est surnommé le « Zemmour québécois ». Toujours dans la catégorie « journaliste », on peut citer deux jeunes femmes, qui ne manifestent pas un enthousiasme débordant pour Emmanuel Macron : Charlotte d'Ornellas (*Valeurs actuelles*) et l'incisive Eugénie Bastié (*Le Figaro*). Elles sont étonnantes et détonantes, ces deux-là. Il y a un an ou deux, lorsqu'elles commençaient à fréquenter les plateaux de télévision, elles étaient timides, modestes. Puis, au fil des mois, l'assurance, la certitude, les ont rattrapées. Ce ne sont pas encore des bêtes de télévision ou de dialectique, mais ça viendra.

Du côté de Marine Le Pen, même si le voyage jusqu'à l'Élysée fut un peu douloureux, on note la présence de sa garde rapprochée qui a longtemps cru que leur patronne serait élue présidente de la République. Parmi ses membres, Julien Odoul, conseiller régional de Bourgogne-Franche-Comté, celui-là même qui avait exigé, à l'automne 2019, qu'une femme, parce qu'elle portait un voile, quitte l'assemblée. L'initiative fait scandale et contraint Emmanuel Macron à s'exprimer sur la laïcité. Qui d'autre ? L'ex-directeur des programmes de TV5 Monde, Laurent Jacobelli, conseiller régional du Grand Est, et le tonitruant avocat Gilbert Collard, député européen, proche du PS dans les années 1970. Normal qu'il soit présent, n'a-t-il pas dit que Zemmour ferait « un extraordinaire Premier ministre » ? Nous étions à la fin de l'été lorsque les sondages mettaient Marine Le Pen sur un nuage. Le train de l'histoire est allé si vite que les cartes sont rebattues !

Ce petit monde comprend que, désormais, il ne faut plus regarder du côté de Marine Le Pen, qui, il faut le dire, a joué le jeu et fait campagne, parfois en traînant les pieds, pour Zemmour au second tour. La conversion a été rapide. Quarante-huit heures après l'élection du nouveau chef de l'État, ce ne sont que commentaires laudateurs envoyés en sa direction. Parmi les plus rapides, David Rachline, réélu maire de Fréjus en juin 2020, militant au front dès l'âge de 15 ans, admirateur du révisionniste Alain Soral, Louis Aliot, ex-compagnon de Marine, élu maire de Perpignan, en juin 2020, un temps protégé de Roland Dumas – eh oui ! –, Sébastien Chenu, le bateleur, chouchou des chaînes du « tout info », à la colonne vertébrale très souple – ne dit-on pas qu'il a fait jadis des offres de services à Anne Hidalgo ? Ce personnage, qui semble toujours de mauvaise humeur, illustre la nouvelle génération de ces lepénistes qui ont vu dans le FN un parti refuge, après avoir échoué à s'imposer au sein de Démocratie libérale ou à l'Union pour un mouvement populaire (UMP). Le FN, puis le Rassemblement national (RN), lui a rapporté gros : celui de jouer les premiers rôles à l'extrême droite. Chenu, quelques jours avant le second tour, a donné une interview au *Figaro* où il n'en finit pas de tresser des couronnes au nouveau président, qui

« a compris avant tout le monde le risque de l'islamisation de la France d'ici peu ». Éric Zemmour a éclaté de rire en lisant cette indécente flatterie. En guise de reconnaissance, il invite le député du Nord à son investiture. En revanche, ce sera non pour Florian Philippot, « le monsieur qui a voulu gauchir le Front national ». Non, pour avoir traité le président d'« ultraraciste ». Certes, le président s'y connaît en matière d'excès, mais il y a des bornes qu'on ne dépasse pas. Ah ! Nous allions oublier un revenant. Assis sur une chaise, une canne dans la main gauche, s'épongeant le visage, il semble estomaqué de se retrouver sous les ors de la République : Jean-Marie Le Pen. Il en a tant rêvé. À ses côtés, l'œil en mouvement, se frottant la barbe, quelqu'un qui ressemble à Dieudonné. On s'approche. C'est bien lui. L'acteur, metteur en scène, complice d'Élie Semoun au début des années 1990, jusqu'à ce qu'il sombre dans un antisionisme et un antisémitisme forcenés. Le duo explose. S'il est présent ce 2 mai, c'est parce que Jean-Marie Le Pen l'a invité. Beaucoup de gens l'ignorent : la fille de Dieudonné a pour parrain le fondateur du Front national, qui reçoit régulièrement l'acteur à Montretout.

Non loin de Dieudonné, formant un petit groupe, les deux autres filles du patriarche, Marie-Caroline et Yann, la mère de Marion, ainsi que Frédéric Chatillon, militant de longue date du Front national... Quand on évoque Chatillon, Axel Loustau[1], homme d'affaires, propriétaire

1. Âgé de 52 ans, Axel Loustau a été, dans les années 1970, un militant du GUD (Groupe union défense). Quelques jours après l'assassinat de Samuel Paty, certains médias affirment qu'il a eu, dans le passé, des relations avec l'imam Abdelhakim Sefrioui, mis en examen le 22 octobre 2020 pour complicité d'assassinat en relation avec une entreprise terroriste. Mis en cause en 2015 dans le financement de Jeanne, le microparti de Marine Le Pen, Axel Loustau, renvoyé devant le tribunal correctionnel, sera relaxé en 2020.

d'entreprises de gardiennage, ex-conseiller régional d'Ile-de-France, membre du FN puis du RN, très proche de Marine Le Pen, n'est jamais loin. Tous deux proches des milieux identitaires, ils ont fait partie, en 1992, des visiteurs de Léon Degrelle lors de son exil en Espagne. Mais surtout, celle que l'on remarque en train de deviser avec Jean-Marie Le Pen, c'est Marion Maréchal, jeune mariée depuis quelques mois. Elle a joué, elle aussi, un rôle clé dans la campagne du président élu, en participant à ses côtés à de nombreux meetings, et en multipliant ses interventions sur l'identité nationale et le maintien de notre civilisation occidentale. Elle était présente, en compagnie d'Éric Zemmour, fin septembre 2021, au sommet de la démographie à Budapest, où elle a rencontré nombre de dirigeants d'Europe centrale, parmi lesquels le Premier ministre hongrois Viktor Orban[1].

En coulisse, Marion pousse Éric à ne pas entamer de dialogue avec Marine, lors de la campagne, et de taper fort sur les « chochottes des Républicains (LR) ». Elle lui indique

1. Viktor Orban est Premier ministre de la Hongrie depuis 2018 après l'avoir été de 1998 à 2002. Considéré comme un populiste, anticommuniste, Orban est pris comme modèle par les tenants de l'extrême droite en Europe. Marine Le Pen et Éric Zemmour ont tous deux été reçus à Budapest, par le Premier ministre hongrois, preuve qu'ils ont de nombreux points communs. Parmi les points phare du programme d'Orban figurent une politique d'immigration musclée, une justice répressive, (détention provisoire illimitée), un contrôle des médias plus sévère, une remise en cause de l'Europe, une politique discriminatoire à l'égard des homosexuels, etc. Orban peut compter sur un allié, le Premier ministre de Slovénie Janez Janša qui ne se prive pas de harceler les journalistes et de proférer des menaces contre eux. En France, on voit mal Éric Zemmour adopter une attitude à l'égard des journalistes similaire à celle d'Orban et de Janša. Précisons que, depuis juillet 2021 jusqu'à décembre de la même année, Janez Janša préside l'Union européenne. Depuis janvier 2022, c'est autour du président.

qui, au RN, sont les plus aptes à occuper des fonctions ministérielles. Quel avenir pour elle ? Mystère. Encore que dans l'entourage d'Éric Zemmour, un ministère lui serait promis… On parle du ministère de la Culture. Une rumeur – folle – a même circulé : Marion pourrait être nommée Premier ministre. L'intéressée a démenti.

Continuons de scruter cette assemblée bien sage. On aperçoit une dame blonde, Hélène Laporte, analyste bancaire, numéro 2 sur la liste de Bardella aux européennes. Originaire de Villeneuve-sur-Lot, cette proche de Sébastien Chenu a été discrètement exclue en juillet 2020 de la commission nationale d'investiture du RN, pour cause de « flirt » avec les identitaires. Philippe Vardon, conseiller régional de Provence-Alpes-Côte d'Azur (Paca), présent lui aussi à l'Élysée, a flirté avec les identitaires. Témoin, son appartenance à Unité radicale jusqu'à sa dissolution avant de rejoindre le Bloc identitaire. Ce parcours ne l'a guère handicapé puisqu'il a codirigé la campagne de Thierry Mariani, candidat – battu – à la présidence de la région Paca. Lequel ne s'est guère offusqué de sa filiation idéologique avec Léon Degrelle, journaliste et homme politique belge, admirateur du nazisme, fondateur du mouvement Rex, que l'on retrouvera sur le front russe… Non loin de ce duo, une dame brune avenante. C'est Catherine Griset, l'ex-belle-sœur de Marine et sa cheffe de cabinet. À ce titre, très informée des choses que l'on ne devrait pas savoir du Rassemblement national.

À l'écart, on aperçoit le ténébreux Henri Guaino, ancien conseiller de Sarkozy, qui a manifesté, il y a quelques mois, sinon sa sympathie, tout du moins de l'intérêt pour Marion Maréchal. Bizarre de voir l'héritier spirituel de Philippe Séguin, chantre du gaullisme social, en compagnie de cet aréopage de personnalités, dont la plupart ne portent guère dans leur cœur le fondateur de la Ve République… qu'ils ont souhaité éliminer physiquement – Guaino martèlera à plusieurs reprises n'avoir aucun point commun avec le Rassemblement national. De quoi être surpris quand on l'aperçoit deviser avec l'ancien conseiller de Trump, Steve Bannon, l'homme qui veut mettre sur pied une internationale populiste avec les Orban et autres Salvini[1]. Le nouveau président français a déjà fait savoir qu'il rejoindrait avec grand plaisir cette organisation qui démontre amplement que la France doit tout faire pour maintenir une Europe de la civilisation judéo-chrétienne. La présence de Nicolas Sarkozy mérite une explication. S'il est venu, c'est par respect pour la fonction de président. Pourtant, il a hésité jusqu'au dernier moment. La sortie de l'ancien journaliste qui affirmait que les victimes de Merah auraient dû être enterrées en France et non en Israël a profondément heurté l'ancien président. Partageant la colère de Sarkozy, sont présents, au nom de la préséance républicaine, le président de l'Assemblée nationale, Richard Ferrand, ainsi que Gérard Larcher, son homologue du Sénat, deuxième personnage de l'État qui pourrait très bien, un jour, assurer l'intérim de la présidence. En rêverait-il déjà ? L'hypothèse s'est concrétisée à deux reprises sous la Ve République, en juin 1969, à la suite de la démission du général de Gaulle pour cause de référendum perdu, et, cinq ans plus tard, à la suite de la mort de Georges Pompidou. Dans les deux cas, Alain Poher occupera momentanément l'Élysée, le temps de régler les affaires courantes et de préparer une nouvelle

1. Matteo Salvini, ex-vice-président du Conseil des ministres italien (2018-2020), est aussi président de la Ligue du Nord. Comme Marine Le Pen, Éric Zemmour et Viktor Orban, il est partisan d'une politique anti-immigration radicale pour permettre d'expulser 100 000 immigrés par an. Islamophobe, souverainiste, identitaire, il souhaite désormais le maintien de l'Italie dans l'Union européenne, après y avoir été hostile. Il souhaite fédérer les droites européennes, sous la houlette de Steve Bannon.

élection présidentielle. À l'occasion de cet intérim, Poher a pu compter sur le secrétaire général de l'Élysée, un homme aussi affable que compétent, Bernard Beck. Lequel finira sa carrière premier président de la Cour des comptes et maire de Granville.

Dans ce public inédit, on croise François Hollande. Pourquoi est-il venu ? Par nostalgie ? Par courtoisie républicaine ? Triple question. Triple sourire. Ce sera tout.

Parmi les moins jeunes, impossible de manquer Patrick Buisson, l'ancien directeur de *Minute*, ex-conseiller de Sarkozy, partisan depuis des lustres de l'Union des droites. Impossible encore de manquer l'ardent André Bercoff, premier journaliste français à avoir interviewé le candidat Donald Trump. Les journalistes invités qui, dans leur immense majorité, en pincent fort peu pour le nouveau président sont déconcertés. Incrédules au spectacle annoncé. Sauf un ou deux. À commencer par Geoffroy Lejeune, le directeur de la rédaction de *Valeurs actuelles*. Tignasse blonde, débit verbal saccadé, rarement en proie au doute, il est entré à *VA* il y a une dizaine d'années. À l'époque, le jeune homme, fils d'un haut gradé de la Légion étrangère, est un journaliste bien comme il faut, poli, modeste. Toujours prêt à complimenter tel ou tel de ses confrères pour la qualité de son article. Jusqu'à ce qu'un jour de 2016 il monte en grade. Le voici promu par la grâce du directeur général, Yves de Kerdrel, directeur de la rédaction. Lejeune est sur orbite. Il sympathise avec Marion Maréchal. Il adore distiller quelques anecdotes croustillantes sur Laurent Wauquiez. Il débat avec des confrères sur les chaînes de télé. Il n'a pas 30 ans. Sa tête enfle. Il écrit un livre sur Zemmour. Le titre ? *Zemmour président*. Prémonitoire. Bien vu !

Il connaît un passage à vide au cours de l'été 2020 à cause d'un document fiction plus que contestable, douteux même, publié dans *Valeurs actuelles*. On y voit la députée de La France insoumise, Danièle Obono, dessinée sous les traits d'une esclave. Pas très malin. Désapprobation quasi unanime de la presse. « Si j'ai choqué, je m'en excuse, telle n'était pas mon intention », se défend Lejeune. Trop tard.

En vingt-quatre heures, le voici rayé de la liste des chroniqueurs de LCI. Faux pas oublié. Très vite. Lejeune n'est pas le seul représentant de *VA* au palais présidentiel. Il est accompagné de son adjoint, Tugdual Denis, auteur de *La Vérité sur le mystère Fillon* (Plon) et, à l'automne, de *La Vérité sur Édouard Philippe* (Robert Laffont). Ce journaliste a révélé dans *L'Express* du 7 novembre 2013 l'identité du père biologique de Marion Maréchal. Ce qui provoquera la colère, bien légitime, du clan Le Pen. Avec Mélenchon, ce journaliste, traité d'espion par le leader de La France insoumise, serait resté devant la grille de l'Élysée. On connaît l'affection dans laquelle l'ancien ministre de Lionel Jospin tient les médias.

Revenons à Geoffroy Lejeune. Ce 2 mai 2022, il rayonne. Il se murmure qu'un poste de porte-parole du gouvernement lui a été promis. Son enthousiasme est partagé par un autre de ses confrères présent. C'est Robert Ménard, maire de Béziers depuis 2014. Et époux d'Emmanuelle Duverger, députée non inscrite de l'Hérault, fondatrice, avec Dominique Jamet, du site Boulevard Voltaire. S'il n'est pas membre du Front national, Ménard le répète à chaque occasion, il adhère pour une large part à ses prises de position, tout en ne se privant pas de dire que Marine « est nulle » en économie. Malgré tout, il votera pour elle, parce que « plus rassurante » que son ami Éric. Prudence ou double langage ? Le maire de Béziers se rattrape en martelant que la « dynamique » d'Éric est « une bonne nouvelle pour le camp national ».

Ce personnage au parcours en zigzag, ancien président de Reporters sans frontières, a été jadis proche du communiste Paul Balmigère, un de ses prédécesseurs à la mairie. Après avoir goûté au trotskisme à la Ligue communiste révolutionnaire (LCR), Ménard prend sa carte au Parti socialiste en 1979, pour la rendre deux ans plus tard, avant de se laisser séduire par l'extrême droite, lâchant au fil des ans ses amis journalistes, les Jean-Claude Guillebaud et autres… pour voguer en compagnie des Soral, et autres, Jacques Bompard, le maire d'Orange, qui est par ailleurs très lié à Éric Zemmour et fâché avec Marine Le Pen. Si les deux compères n'ont pas toujours l'occasion de se voir, ils communiquent beaucoup par mail. À partir de maintenant, ils se verront plus souvent, Bompard, fondateur de la Ligue du Sud, et son premier adjoint Yann – son fils – devenant les représentants de Zemmour en Provence-Alpes-Côte d'Azur.

Beaucoup de militants d'extrême droite ont souvent effectué un petit tour de l'autre côté : c'est le cas d'Alain Soral, mais aussi celui de Fabien Engelmann, ancien militant de la Confédération générale du travail (CGT), de Lutte ouvrière et de la LCR avant de rallier le Front national, étiquette qui lui a permis, en 2014, d'être élu maire d'Hayange (Moselle). C'est le cas aussi d'Andréa Kotarac, un peu plus de 30 ans, ex-conseiller régional (Auvergne-Rhône-Alpes), passé sans coup férir de La France insoumise dans les rangs du lepénisme, *via* un parti qu'il a créé, le Parti localiste. Cette désertion suscitera les foudres de Jean-Luc Mélenchon et la satisfaction de Marine Le Pen.

Dans un passé plus lointain, on a vu un Jacques Doriot, ancien membre du bureau politique du Parti communiste (PC), rival de Maurice Thorez, rallier la France de Vichy avant de se perdre sur le front russe. Ce fut le cas également d'un Roland Gaucher, qui, dans les années 1930, fréquenta les cercles trotskistes avant de s'enfoncer dans la collaboration. Chemin identique suivi par Marcel Déat, maire socialiste de Bordeaux, normalien, qui lâche ses camarades pour faire allégeance au régime de Vichy. Cette incursion chez les invités du nouveau chef de l'exécutif serait incomplète, si on ne disait mot des représentants du monde du spectacle. Et pour cause : il n'y en a pas, hormis le comédien Franck de Lapersonne – il confesse aujourd'hui avoir « commis une grosse bourde » – et l'humoriste Jean Roucas. Quand on pense que sous Mitterrand, Chirac, Sarkozy, Hollande et Macron, à chaque cérémonie, manifestation, remise de décorations, artistes, comédiens, écrivains, de gauche, du centre, de droite, voire de nulle part, se précipitaient pour faire allégeance au prince !

Tous ces journalistes qui attendent le président élu, ne seraient-ils pas victimes d'hallucinations devant ce spectacle inhabituel ? Combien sont-ils ceux qui ont cru qu'un jour, en France, serait élu un président d'extrême droite ?

Défilent les minutes. Les invités, dont de nombreux journalistes du monde entier, se pressent dans la salle des fêtes. Parmi ceux-ci, deux représentants de RT France, la chaîne russe proche de Poutine, et même, ô surprise, de la télévision cubaine !

Soudain, le silence… Étouffant et polaire à la fois. Éric Zemmour, costume bleu marine, cheveux courts, il n'en a plus beaucoup, passe devant Marion Maréchal. Tout sourire. Le nouveau chef de l'État avance. Laurent Fabius, le président du Conseil constitutionnel, l'attend, le regard fatigué, presque usé, où se mêlent tristesse, désenchantement et colère retenue. Où est-il le flamboyant, parfois arrogant, Premier ministre de la France ? Le poids des ans…

À cet instant, l'ancien Premier ministre de François Mitterrand pense au discours que Zemmour distille depuis des mois : l'expulsion des délinquants étrangers. Pétain qui aurait sauvé des Juifs pendant l'Occupation. La rafle du Vél' d'hiv'. La haine des musulmans. Un haut-le-cœur…

Ce 2 mai 2022 est sans doute le seul jour où celui qui fut le chérubin, l'enfant prodige du PS, le plus jeune Premier ministre de la Ve République, aurait souhaité abandonner son costume de président de notre Cour suprême. Mais la loi est la loi. Visage tendu, sans montrer le moindre signe républicain à Éric Zemmour, Fabius proclame officiellement les résultats de l'élection, martelant au passage, ce qui est inhabituel, que le scrutin s'est joué à 86 000 voix. La France est coupée en deux.

Sa tâche – un supplice – terminée, Fabius s'éclipse. Sans doute pense-t-il qu'un jour proche, le Conseil constitutionnel tiendra sa revanche, en censurant bon nombre de lois votées à l'initiative du nouveau pouvoir. Puis, c'est au tour du grand chancelier de la Légion d'honneur, le général Benoît Puga, d'épingler à la veste du nouveau président la rosette de grand-croix à laquelle a droit le président élu. Le général lui présente également le grand collier de grand maître de la Légion d'honneur.

De l'extérieur de la salle des fêtes montent des cris. Deux cents à trois cents personnes manifestent leur hostilité à Zemmour en brandissant des pancartes, sur lesquelles on lit : « Zemmour-Le Pen même combat, des Français ne veulent pas de toi », ou « Éric Le Pen, tu comptes habiter ici cinq ans ? ». Soudain, un chant s'élève, *Bella ciao*, celui des résistants antifascistes italiens. Atmosphère surréaliste. Laquelle en dit long sur le climat qui règne dans le pays. Giscard, en mai 1981, avait quitté l'Élysée sous les quolibets et les insultes d'une centaine de personnes qui hurlaient leur joie de le voir partir. En 1981, Giscard était le vaincu. En 2022, c'est le vainqueur qui est visé. Par prudence, Darmanin, premier flic de France pour quelques jours encore, a fait positionner une demi-compagnie de CRS devant l'Élysée. Un quart d'heure plus tard, le nouveau président quitte le palais… non pas par le 55 rue du Faubourg-Saint-Honoré, mais par la rue de l'Élysée. Du jamais-vu : un président de la République qui file à l'anglaise le jour de son intronisation !

CHAPITRE 2

EN CAMPAGNE

Quand le maire de Béziers, Robert Ménard, demande à Zemmour de rencontrer Marine Le Pen pour créer l'union des droites, la zemmourmania envahit les médias... L'ancien polémiste n'en finit pas de grimper dans les sondages. Il peut compter sur Sarah, sa conseillère dévouée. Elle le bichonne. L'épaule. Cette jeune énarque joue les Pygmalion. Et les Marie-France Garaud. La droite républicaine et du centre commence à s'inquiéter. Quant à la gauche, elle semble hors jeu. Et si Zemmour devenait un gêneur ?

Début septembre 2021, Robert Ménard, le maire de Béziers, invite à déjeuner Éric Zemmour. Les deux hommes se connaissent depuis longtemps et s'apprécient. Le premier, journaliste, ancien militant trotskiste passé au PS, est désormais « ménardiste ». Indépendant de tous les partis politiques. Mais partageant globalement les idées du Rassemblement national. Le second est un polémiste connu et reconnu, qui vend ses livres par centaines de milliers. D'apparence ombrageuse, plutôt vif, débatteur de qualité, il a, même selon ses très proches, un défaut : il éprouve toutes les peines du monde à admettre qu'il s'est trompé. Il n'est pas le seul.

Que vient-il faire à Béziers ? D'abord partager un agréable repas avec son ami Ménard et ensuite parler de ce qui commence à intéresser les Français : la campagne présidentielle. Avec la fin des vacances, et la pandémie de la Covid-19 qui s'estompe, on parle beaucoup de ce sujet. C'est dans huit mois que l'on connaîtra le successeur de Macron. Soit Macron lui-même, soit un autre ou une autre.

Depuis la fin juillet, les paris sont ouverts. Une femme tient la corde. Son nom : Marine Le Pen. Elle bénéficie de 26 à 28 % d'intentions de vote. Autant que le président sortant. La situation est-elle figée ? Pas du tout. En ce mois de septembre, Mme Le Pen dévisse, passant en trois semaines de 20 à 18, puis à 16, tandis que Zemmour nage dans l'euphorie : son livre, *La France n'a pas dit son dernier mot* qui n'est pas encore sorti – c'est prévu pour le 16 septembre –, est déjà en tête des ventes. Des rumeurs se font insistantes : en prime, Éric Zemmour va annoncer sa candidature à la présidence de la République. Vrai ou faux ?

Ménard, qui est également ami avec la fille du fondateur du Front national, veut en avoir le cœur net. Il souhaite que ces deux-là se parlent et partent unis à la bataille. Sinon, c'est la défaite assurée et la victoire pour Emmanuel Macron.

« Mon cher Éric, que comptes-tu faire ? demande Robert Ménard alors qu'il s'apprête à déguster une délicieuse tarte aux pommes fabriquée de la main de son épouse, Emmanuelle Duverger, députée de l'Hérault. Il faut que tu parles avec Marine, sinon, vous allez tous les deux au casse-pipe.

— C'est elle qui ira au casse-pipe. Elle ne gagnera jamais, répond Zemmour. Elle le sait, depuis le débat calamiteux qu'elle a eu avec Macron la veille du second tour de 2017. Pour quelle raison le RN ne m'aime-t-il pas ? Sans doute suis-je trop intellectuel pour ce mouvement et sa présidente. Avec le père Le Pen, je m'entendais bien. Nous avions des discussions de haute volée. Au Rassemblement national, je n'ai pas d'interlocuteur.

— Bon. Laisse ton orgueil au vestiaire. Tu parles sans cesse histoire. Tu cites sans arrêt des auteurs. Tout le monde a compris que tu es un des plus cultivés de la classe politique. Les gens finissent par se lasser. Qui connaît le Jacques Bainville dont tu parles à longueur de conférence ? Charles Péguy, le général de Gaulle, Chateaubriand, ça va, mais Bainville !!! Tu leur parles d'identité française, du péril de l'islam. Je ne vais pas te dire que c'est mal. Mais parle également de pouvoir d'achat. De salaire. Du prix des carburants. De dérèglement climatique.

— Chaque chose en son temps, affirme le futur président de la République. Tu devrais savoir, mon cher Robert, que le passé explique le présent. Pour parler sondage, je suis à 14 % des intentions de vote pour le premier tour de la présidentielle, alors que je n'ai même pas annoncé ma candidature.

— Alors, tu y vas ou pas ? Seul, tu termineras troisième ou quatrième… C'est ce que tu cherches ? Est-ce que tu souhaites être à la fois Tocqueville et Hugo ? Alors, parle avec Marine. Mettez-vous d'accord sur 5 ou 6 grands thèmes sur lesquels vous êtes en phase, et vous augmenterez vos chances de gagner. D'ailleurs, tu le sais, Zemmour et Le Pen, c'est bonnet blanc et blanc bonnet à 90 %. C'est ce que pensent les électeurs. Il faut qu'en février 2022, vous ayez conclu un accord. Celui ou celle qui se trouve en deuxième position au premier tour appelle à voter pour celui ou celle susceptible de l'emporter au second. C'est tout simple.

— Je suis sûr que Marine Le Pen va s'effondrer, lui rétorque Zemmour après un long silence. Et que je vais monter très fort. Si elle veut me voir, je répondrais favorablement. Mais je te le dis, le Rassemblement national est un parti mou qui n'assume pas son héritage. Un héritage de patriote. Un héritage d'identité française. Un héritage civilisationnel. Moi, je veux recréer le Rassemblement pour la République (RPR) des années 80. Celui qui disait stop à l'immigration. Celui qui nous parlait de la France. »

17 heures. Après une discussion de près de cinq heures, les deux amis se quittent. Ménard est déçu de ne pas avoir convaincu Zemmour. Quelques jours plus tard, Zemmour se rend à Toulon, une ville Macron-compatible, dirigée par Hubert Falco, proche de Christian Estrosi, le maire de Nice. Il a rendez-vous au palais des Expositions où 800 personnes enthousiastes l'attendent. L'objectif ? Dédicacer son dernier livre, *La France n'a pas dit son dernier mot* (éditions Rubempré). La dédicace est prévue pour 17 heures. Quand le polémiste arrive vers 16 h 30, 300 personnes font déjà la queue dans la rue. Il est reconnu très vite. Ce ne sont que des applaudissements. Des cris, invariables : « Zemmour président », « Zemmour à l'Élysée ». Des gens de toute condition, de tout âge l'interpellent. « Monsieur Zemmour, présentez-vous à la présidentielle », « La France va mal », « Vous êtes notre sauveur ; Macron doit partir ». Ou encore : « Nous en avons assez de cette délinquance étrangère. » À chaque fois, le (presque) candidat acquiesce, avec un grand sourire. Dans la rue, les passants incrédules se demandent qui est cette vedette qui attire les foules… Des jeunes rigolent : « Nous, on est écolos, alors Zemmour ou Macron, on s'en fout. »

Une chose est sûre : la zemmourmania prend. Il y a de l'intérêt pour le personnage. Ira-t-il jusqu'au bout ? Quand va-t-il solliciter les maires, présidents de conseils départementaux pour obtenir les 500 signatures, sésame obligatoire pour pouvoir se présenter à la présidentielle ? Pas de souci. C'est un jeune garçon, énergique, Antoine Diers, directeur de cabinet du maire du Plessis-Robinson, qui s'en occupe. D'ores et déjà, alors que le grand homme n'a pas encore annoncé sa candidature, il aurait reçu des promesses de parrainage de plus de 300 cents élus...

Pendant ce temps, les adversaires de Zemmour et les commentateurs affichent leur indifférence. Du côté de La France insoumise, c'est Adrien Quatennens, député du Nord, qui donne le *la* : « Je vais vous dire, que Zemmour ou Marine Le Pen dispose des cinq cents signatures, qu'ils soient candidats ou pas, cela ne nous intéresse pas. Ces deux-là n'entreront jamais à l'Élysée. La France a du répondant. Nous aussi. C'est bien pour cette raison que nous serons au second tour. Peu nous importe que ce soit Macron, Zemmour, Bertrand ou un autre. »

Chez Les Républicains, parti dans lequel Zemmour fait son marché, avec succès, selon les sondages – il le fait aussi au RN –, on se rassure. Ou plutôt, on essaie. Écoutons Damien Abad, le président du groupe LR à l'Assemblée nationale : « Je suis prêt à débattre avec M. Zemmour quand il le souhaite. Dans une démocratie, surtout lors d'une campagne présidentielle, il est sain que l'on confronte les idées sans anathème et sans crispation. » Pas de réponse du candidat Zemmour au président Abad.

Éric Zemmour creuse son sillon. On l'invite partout. Fin septembre 2021, en onze jours, il a vendu 128 392 exemplaires de *La France n'a pas dit son dernier mot*. Du jamais-vu. Amélie Nothomb, qui réalise des ventes pharaoniques à chaque parution annuelle de ses livres, est doublée.

Depuis quelques années, chacun des livres de Zemmour est un succès. *Le Suicide français*, paru en 2014, s'est vendu à 477 000 exemplaires. À chaque dédicace, le journaliste fait carton plein. Il vit de ses livres. Il a dû en vendre des centaines de milliers.

Pendant de longues années, Zemmour s'est cantonné à son rôle d'essayiste et d'observateur. De la curiosité, de l'allant, il n'en manque pas. C'est un boulimique de l'écriture. Aucun sujet ne lui est étranger. De l'islam au pouvoir des juges, en passant par la lutte contre la délinquance, l'expulsion des étrangers délinquants, le choix des prénoms, la critique des partis politiques, l'absurdité du permis à points, le foot, Éric Zemmour a des idées sur tout, et se croit un esprit œcuménique.

Ses lecteurs, plutôt de droite, et même un peu plus, sont fascinés par la culture du monsieur. À la télévision, il réalise des audiences impressionnantes, à chaque apparition. Il y a quelques années déjà, ses duels avec Christophe Barbier, l'ancien directeur de *L'Express*, Éric Naulleau, ses éditoriaux sur RTL rencontraient un franc succès. Succès transformé en triomphe, lors de l'émission *Face à l'info* sur CNews où, face à deux journalistes admiratifs, il commentait l'actualité. C'était entre 19 et 20 heures. L'apéritif pour les fondus de Zemmour. En compagnie d'une journaliste mêlant séduction et bienveillance. Elle s'appelle Christine Kelly.

Une bête de cirque, Zemmour, synonyme de jackpot. En effet, il rapporte beaucoup à sa chaîne. Lorsqu'il intervient, il double l'audience. Et, avec elle, les recettes publicitaires. Cyril Hanouna sur C8, Éric Zemmour sur CNews, les deux vaches à lait de son propriétaire, Vincent Bolloré. Celui qui n'est déjà plus polémiste se sent pousser des ailes. Il en veut plus. « J'observe la vie politique depuis trente ans, dit-il. Je propose les solutions les meilleures pour que notre pays avance. Il faut par exemple que tous les étrangers délinquants en prison soient expulsés. Nous aurons alors 25 % de détenus en moins. Il faut supprimer les prestations sociales pour les étrangers. Rétablir la déchéance de nationalité. Respecter les obligations de quitter le territoire français, les fameuses OQTF (elles ne sont exécutées que dans 10-15 % des cas). La justice doit avoir d'autres préoccupations que de faire des cartons sur les hommes politiques. » Voilà ce qu'écrit Zemmour depuis des années, dans ses ouvrages. Pendant des années, il a espéré que surgirait un homme providentiel qui ferait sienne cette profession de foi. Personne n'est venu. Je suis cet homme, pense-t-il. Alors je suis candidat à l'élection présidentielle. Je le dirai à la mi-novembre 2021.

Finie, la rigolade. Car le 4 novembre, un sondage Odoxa BFM TV – *Le Figaro* affole le landerneau politique et remplit d'aise le candidat Zemmour. Que dit ce sondage ? Que ce dernier a franchi la barre des 20 % d'intentions de vote ; que Marine Le Pen est tombée à 13. Elle est doublée par Xavier Bertrand, toujours à 14 %, qui espère être le candidat désigné dans un mois par les adhérents des LR, tandis que Jean-Luc Mélenchon atteint les 11 %. Yannick Jadot frôle les 10 et Anne Hidalgo atteint juste les 6 %. Emmanuel Macron reste stable : il recueille 24 % des intentions de vote. Oui, finie, la rigolade. Surtout chez les LR.

Au siège du parti, 238 rue de Vaugirard dans le 15e, une réunion du comité stratégique est convoquée pour le lendemain. Il y a le feu dans la maison LR. Objet de la réunion : que faire face au cas Zemmour qui grimpe dans les sondages ? Ne pas débattre ? Ou au contraire l'affronter bille en tête ? Le 5 novembre au matin, dès 9 heures, les membres du comité sont là. Parmi ceux-ci, Christian Jacob, le patron du parti, Damien Abad, le président du groupe parlementaire LR à l'Assemblée nationale, Gérard Larcher, le président du Sénat, Bruno Retailleau, le président du groupe LR au Sénat, Aurélien Pradié, secrétaire général adjoint du parti, Annie Genevard, députée du Doubs, toujours souriante, ça tranche avec les collègues qui font une gueule de trois pieds... Qui d'autre ? Nadine Morano, députée européenne, sarkozyste pur jus, Laurent Wauquiez, ex-patron d'un jour des LR. Dans un souci sinon de réconciliation, tout du moins de fair-play, Christian Jacob avait demandé aux deux « déserteurs », Xavier Bertrand et Valérie Pécresse, de venir à cette réunion. Ils ont dit non. Où est-elle, la grande unité de jadis ? Où est-elle, cette flamme de 1976 où un Premier ministre, qui avait claqué la porte de Matignon, créait un authentique parti populaire, le RPR ? Séguin, Pasqua, n'entrez pas ici, vous aurez le cafard. Et c'est vrai. Écoutons Christian Jacob : « Mes amis, nous devons arrêter de faire joujou. Il est temps que nous retrouvions l'unité du parti. Que notre analyse sur la candidature Zemmour – car il va être candidat – chaque jour soit différente. Sinon, nous retrouver à poil, pardonnez l'expression, et perdre pour la troisième fois consécutive l'élection présidentielle. Nos adhérents, à peine 100 000, pour l'instant, dois-je vous le rappeler, souhaitent que le Congrès du parti désigne le 4 décembre notre candidat. Si nous pouvions nous accorder sur un nom, ce serait parfait. Allons-y, la discussion est ouverte.

« Tu veux commencer, Nadine ? interroge Jacob.

— Je l'ai toujours pensé et l'ai redit lors d'une interview sur CNews, j'aime bien Éric Zemmour. Nous échangeons souvent. Il est parfois excessif, mais je ne trouve pas que ses valeurs soient incompatibles avec les nôtres.

— Tu crois que les valeurs du gaullisme que nous revendiquons ont quelque chose à voir avec le pétainisme dont nous rabattent les oreilles Zemmour ? l'interrompt Jean-François Copé. Depuis des années il s'entête à dire que Pétain a sauvé les juifs français pendant l'Occupation. C'est scandaleux ! Que doivent penser les familles des 75 000 juifs de France qui ont été déportés ?

— Je partage l'avis de Jean-François, intervient Gérard Larcher. Nous ne pouvons accepter que M. Zemmour, de quelque façon que ce soit, se rapproche de nous.

— J'écoute ce que vous dites, mes amis, déclare Bruno Retailleau, mais ne perdons pas de vue que l'objectif de notre parti est d'arriver soit à la première place, soit à la deuxième lors de l'élection d'avril, et au second tour de gagner pour mettre un terme aux dégâts commis par les présidents Hollande et Macron. Ses propos font l'unanimité.

— Je reconnais que Zemmour a une pensée intellectuelle cohérente et intelligente, explique Annie Genevard. Comme lui, j'aime mon pays, je veux que la souveraineté de la France soit respectée. Cela dit, je désapprouve totalement ce qu'il dit sur le sort des juifs pendant l'Occupation ; je suis outrée lorsqu'il affirme que les enfants de l'école juive de Toulouse ne devaient pas être enterrés en Israël. Pour conclure, existe une différence majeure, une ligne rouge, entre lui et nous : il se déclare partisan de l'union des droites alors que nous estimons qu'il y a une ligne infranchissable entre les LR et l'extrême droite. Ce qu'avait déjà affirmé avec force Jacques Chirac.

— Bravo, Annie, lancent à l'unisson Larcher, Copé et Abad. Éric Ciotti reste muet. L'intervention d'Annie Genevard n'est pas sa tasse de thé. Provocateur, le député des Alpes-Maritimes lance : « Mes amis, nous tergiversons trop. Nous devons choisir notre champion, avec son équipe, son programme. Et vite ! Ou alors tournons-nous vers le sage de notre parti, celui qui nous guide quand les choses vont mal, celui aussi qui bénéficie d'une grande cote auprès des Français. Je veux parler de Nicolas Sarkozy. »

Silence dans les rangs. Stupéfaction. Personne ne s'attendait à une telle sortie du meilleur ennemi de Christian Estrosi.

Le madré Christian Jacob ne bronche pas. Il enchaîne : « Mes amis, nous avons le temps, jusqu'au 4 décembre, pour choisir. Je souhaite que les candidats se réunissent, examinent la meilleure solution pour se sortir de cette impasse. Nous avons toujours eu un candidat naturel qui émergeait. Sans discussion possible. Le 4 décembre, j'espère de tout cœur que le candidat arrivé en tête chez les militants même s'il n'a qu'un ou deux points d'avance sur son suivant ne sera contesté par personne. Sinon, nous serons source de moquerie et nous ne prendrons pas le chemin de l'Élysée. »

20 novembre. Zemmour est sur un nuage. Pour la première fois, il se trouve au coude à coude avec le président sortant : 22 % chacun des intentions de vote, selon un sondage Odoxa pour *Le Figaro*. Les suivants sont loin derrière. Décrochés. Marine Le Pen est à 15 ; Bertrand à 15 également ; Jadot à 11 ; tout comme Jean-Luc Mélenchon. Il jubile comme un gosse, Éric Zemmour. Exactement comme lorsqu'il marquait des buts au foot dans la cour de l'école Lucien-de-Hirsch située dans le 19e arrondissement de Paris... Époque à la fois insouciante et tendue. Nous étions en 1968. C'était l'époque où les étudiants réclamaient le départ du général de Gaulle. Il s'en souvient parfaitement. C'était hier. Le jeune homme d'alors n'oubliera jamais que ses parents vouaient une admiration sans bornes au général. Lui aussi. Avec Napoléon, le chef de la France libre, ils seront ses deux références. Ils le sont toujours. À chaque fois que cela lui

est permis, Zemmour défend le grand homme accusé bêtement, par des ignorants, d'être un esclavagiste. Aujourd'hui, il bout lorsqu'il apprend que le maire de Rouen souhaiterait remplacer la statue de Napoléon par celle de Gisèle Halimi. Nous reparlerons de ces raccourcis historiques qu'adorent les Français.

Pour l'heure, le candidat à la présidence de la République ne pense qu'à une chose, retrouver les trois personnes qui comptent le plus dans sa nouvelle vie : le préfet Payet, avec lequel il s'entend à merveille, Thierry Deransart, son ami journaliste, et Sarah Knafo, sa douce et énergique conseillère, qui ne le lâche jamais d'une semelle. Ils se connaissent depuis une douzaine d'années grâce à des amis de sa famille. Le trio a rendez-vous au *Bristol*, restaurant situé à 100 m de l'Élysée. Éric est le premier arrivé. Il est à table. Soudain, il se lève d'un bond. Il a vu Sarah. Il se précipite. Ces deux-là n'ont pas digéré le mauvais coup de *Paris Match* du mois de septembre dernier. « Tu es ravissante », lance Zemmour à Sarah... Puis on passe aux choses sérieuses. Le sondage. Payet : « Eh bien, c'est plus qu'encourageant. Mais je ne voudrais pas qu'on monte trop fort. Nous sommes à six mois de l'élection. Il ne faut surtout pas que les gens se lassent.

— Vous vous souvenez ? En décembre 1994, Édouard Balladur comptait 20 points d'avance sur Chirac. Vous avez vu le résultat ? Vous avez tout à fait raison, coupe Zemmour.

— Et Jean-Pierre Chevènement ? poursuit le préfet. En décembre 2001, il bénéficiait d'un authentique engouement. Il était à 14 % des intentions de vote. Pour nombre de sondeurs, l'affaire était pliée : il serait élu. Or, il ne réalisera qu'un peu plus de 5 %, en mai 2002. Donc prudence. Ce qu'il faut, cher Éric, c'est que tu te maintiennes autour de 20 et que, surtout, tu te déplaces le plus possible dans les territoires. Que tu parles. C'est ce qu'a fait Chirac en 1994-1995.

— Je partage l'avis de Gilbert, dit Sarah Knafo. Tu dois aussi faire ta campagne autour de quatre à cinq thèmes. L'amour de la France, bien sûr, la justice, trop politisée, la délinquance, l'islamisation croissante et le pouvoir d'achat.

« Souviens-toi de la campagne de François Mitterrand en 1981, poursuit la jeune femme en se laissant aller, ayant failli dire "mon chéri". Il avait un slogan, "Changer la vie", et l'affiche de "La France tranquille". D'un côté, il se tournait vers l'avenir ; de l'autre, il prônait la stabilité, la France éternelle. Quant à ses thématiques, elles étaient peu nombreuses, mais fortes : suppression de la peine de mort, nationalisations, les trente-cinq heures, renforcement du pouvoir syndical, libéralisation de la radio-télévision. Tu dois t'inspirer de Mitterrand, stratège hors pair, OK.

— Tu as raison, Sarah », répond Zemmour, alors qu'il déguste un citron de Menton givré au limoncello.

15 heures. Fin du déjeuner. Gilbert Payet et Thierry Deransart s'éclipsent. Sarah et Éric restent quelques minutes ensemble. Le temps pour Éric de prendre un café. Belle journée. Un peu de calme, cela fait du bien. Apaise. Car la campagne, même si elle n'a pas commencé officiellement, s'annonce rude. On pressent des coups bas. Des boules puantes. Comme en 2017. Pour le moment, Zemmour a d'autres soucis. Des vrais. Au moment où il s'apprête à quitter le *Bristol*, son portable vibre. Sur l'écran, un prénom : Mylène. C'est son épouse. Après quelques moments de quiétude, tempête en vue. Le message est clair : « Éric, peux-tu me rappeler ? »... C'est bref. Comminatoire. Zemmour envoie un texto : « Je te rappelle vers 17 heures. » Éric et Sarah sortent du *Bristol*. Ils marchent

tous deux rue du faubourg Saint-Honoré, passent devant l'Élysée. « Tu vas habiter là dans quelques mois », lance Sarah. Puis ils poursuivent jusqu'aux Champs-Élysées et repartent vers la rue Jean-Goujon où sont installés les locaux de campagne. Trois à quatre photographes les suivent, avec à leur côté les deux officiers de sécurité du candidat. Les voici arrivés. « Je dois passer un coup de fil, dit Éric à Sarah. Je te rejoins dans dix minutes. Un quart d'heure maximum. » Sarah se fige. Elle sait qu'Éric va appeler son épouse. Ce qu'il fait. Il est 16 heures. « Tu as bien déjeuné avec Mme la conseillère du futur président de la République ? Bien travaillé ?

— Oui, oui, ça avance, bafouille un peu Éric. On a de beaux projets.

— Je m'en fous de tes projets ! le coupe sèchement sa femme. Que comptes-tu faire par la suite ? Cela fait trois jours que tu n'es pas rentré. Trois fois par jour, les enfants appellent. Je ne sais quoi leur répondre. Ils ont évidemment vu *Paris Match*. Je ne peux pas dire qu'ils ont été emballés.

Elle a raccroché. Éric Zemmour se met à douter. Sonné. Il vacille. Tout d'un coup, Il veut tout arrêter. Il reprendra son boulot de journaliste. Il retournera sur CNews, cette chaîne qui lui a tant donné. Il n'aura jamais le pouvoir. Mais à la place, la gloire littéraire. Il retrouvera le bonheur familial. Et avec lui, la sérénité. À ce moment, alors qu'Éric Zemmour a mis une croix sur la politique, on frappe à la porte de son bureau. « Entrez ! » C'est Sarah. Étincelante. Elle rayonne. « Que fais-tu, Éric ? Cela fait une demi-heure que je t'attends.

— Tout va bien. J'ai appelé deux confrères du *Figaro* qui voulaient une interview... » Depuis une minute, depuis que Sarah a frappé, tout a changé. Tout est bouleversé. Éric Zemmour est redevenu candidat à la présidence de la

République française. Sarah est redevenue son père Joseph ! Le virus de la politique ne disparaît pas si facilement.

*

En ce mois de décembre 2021, la situation se décante, surtout du côté des LR : le 4 décembre, les 148 000 adhérents du parti ont choisi Valérie Pécresse comme candidate du mouvement à la présidentielle. *Exit* Xavier Bertrand et son amertume. Mais, promis, il soutiendra Valérie. Laquelle sera en tandem avec l'expert ès sécurité des LR, Éric Ciotti, député des Alpes-Maritimes qui est arrivé en deuxième position lors du vote. Chez les LR, militants et adhérents sont soulagés : la triste mésaventure de 2017 où l'on vit s'affronter les candidats à la primaire n'a pas eu lieu. L'unité est retrouvée.

Optimisme également du côté du candidat Zemmour dont les sondages ne peuvent que séduire son entourage. L'association des Amis de Zemmour y est pour quelque chose. Dès le mois de septembre, elle a collé sur les murs de Paris des affiches à l'effigie du célèbre journaliste. Les jeunes – Génération Z – animés par Stanislas Rigault, étudiant de 22 ans, orateur plein de talent, distribuent des tracts dans Paris et les grandes villes. Les adhérents affluent. Le jeune Rigault qui a laissé tomber ses études pour suivre Éric Zemmour sait y faire pour galvaniser et convaincre tous ces jeunes… Ce qui frappe chez Rigault, c'est qu'il fait vieux ! Il ne sourit pas. On dirait qu'il n'a jamais été bébé ! Et son enthousiasme semble triste…

Quant à Zemmour, grâce à ses livres dont la plupart se vendent à plus de 200 000 exemplaires, ils constituent un formidable instrument de sensibilisation. Seulement voilà : le candidat sans parti et sans langue de bois – une qualité que personne ne peut lui enlever – irrite beaucoup de monde. Peu à peu, il se transforme en gêneur. De là à dire qu'il devient l'homme à abattre, il n'y a qu'un pas que d'aucuns voudraient franchir. À chaque campagne électorale sortent dangereux ou doux dingues, qui s'en prennent à quelques candidats. En septembre, un individu qui croise Zemmour boulevard de Clichy dans le 18e arrondissement de Paris le menace : « Je vais te fumer sur le Coran »... Un autre, un an plus tôt, lui avait craché à la figure. Zemmour n'est pas le seul à être insulté, ou agressé physiquement.

Mauvais climat. Emmanuel Macron, il y a peu, a été giflé. Quelques semaines plus tard, il a reçu un œuf sur sa veste. Heureusement, c'était un œuf dur ! Sarkozy a été frappé. Hollande a été enfariné. Certes, ces actes sont inadmissibles. Mais ils n'ont rien à voir avec les tentatives d'attentats contre le général de Gaulle : le Petit-Clamart (1962). Le Mont-Faron (1963)... Là, l'objectif était assumé : il fallait abattre le chef de la France libre.

De tout temps, à l'occasion de campagnes électorales, des rumeurs, fausses ou vraies informations, circulent. Avec un objectif : neutraliser un adversaire politique. De Georges Pompidou à Emmanuel Macron en passant par François Mitterrand, la liste est longue des coups tordus. Alors qu'Éric Zemmour, en ce début de l'hiver, goûte aux charmes des bons sondages, voici que la foudre s'abat sur lui. Le 10 décembre, un site domicilié à Buenos-Aires, intitulé Novellas, publie un document fiscal embêtant pour le candidat. Le même document est envoyé à son domicile. Il s'agit d'une demande de renseignement émanant de la direction générale des Finances publiques. Que dit-elle ? Qu'une SCI, dont le gérant est M. Éric Zemmour, chargée de recevoir ses droits d'auteur, a oublié de régler 200 000 euros. Un délai d'un mois lui est accordé pour honorer sa dette. L'information se répand comme une traînée de poudre. Les journalistes s'agitent. La direction du renseignement territorial également. Zemmour tombe des nues. Il a beau demander aux confrères de passer à son quartier général (QG) pour qu'ils jettent un œil sur ses dossiers fiscaux, personne ne se presse pour écouter les explications du candidat. En quarante-huit heures, le mystère est résolu. La direction générale des Finances publiques publie un communiqué : « M. Zemmour, contrairement à des informations publiées sur les réseaux sociaux, est bien en règle avec ses impôts. Le document publié, il y a quarante-huit heures, est un faux. Un faux grossier ». En effet, la lettre de rappel commence par *Cher Monsieur*, formule de politesse proscrite par les services fiscaux. Autre bizarrerie, l'en-tête : *direction générale des finances publiques* est écrit en minuscules, alors que normalement il doit l'être en majuscules. L'affaire s'arrête là. Les auteurs de cet manip sont des pieds nickelés. Il n'empêche. Voilà une campagne qui ne présage rien de bon. « En effet, confie le candidat à son ami Deransart, demain, on dira que je fais le tour des pissotières, que je suis à la recherche de petits garçons ou que je suis un harceleur… D'ailleurs, tu as vu, ça a commencé il y a quelques mois, par un article publié dans *Mediapart*. Et puis au fil des semaines, si les sondages sont en hausse, des articles s'interrogeront sur l'origine de mon patrimoine. Nous sommes entrés dans une période orwellienne où l'on veut tout savoir sur ce qu'on fait ou ne fait pas. Relis *1984*, le roman de George Orwell. Avec Facebook, Twitter, ça ne pourra que s'amplifier. »

Pendant ce temps, elle tourne, elle tourne, la Terre. La France également. En finale de la coupe des Nations de football, les Bleus battent l'Espagne deux buts à un. Grâce à un étincelant Karim Benzema. Du côté de la politique, une députée La République en marche (LREM) est poursuivie pour abus de confiance. Le ministre des PME et de l'Artisanat Alain Griset fait un petit tour en correctionnelle pour avoir menti sur son patrimoine. Et Nicolas Sarkozy est condamné à un an de prison ferme, dans l'affaire Bygmalion. Il fait appel. Il reste libre. Hommage : il y a juste un an, Samuel Paty, professeur d'histoire, était assassiné par un islamiste. Un hommage lui est rendu dans toutes les écoles de France. On note 98 incidents, dans tout le pays. C'est peu.

Janvier-février 2022. Voilà deux ans que le virus de la Covid-19 a pris d'assaut la planète, faisant plus de 5 millions de morts. En France, 121 000 personnes ont perdu la vie. Après une accalmie de quelques mois, voici qu'avant les fêtes de fin d'année on tire le signal d'alarme. Un nouveau variant, Omicron – prononcer Omicrone –, risque de faire des ravages. Face à l'augmentation des malades hospitalisés et en réanimation, le conseil scientifique présidé par le professeur Delfraissy demande des mesures pour freiner l'épidémie. Vaccinez-vous, faites la troisième dose, exhorte le gouvernement. Dans l'ensemble, la population accepte. Pourtant des antivaccs irréductibles refusent. Ils sont 5 millions sur 67 millions d'habitants. Le gouvernement Castex s'apprête alors à faire voter le passe vaccinal, beaucoup plus contraignant que le passe sanitaire. Voilà qui promet des débats houleux au Parlement. Et on reparle d'une loi liberticide à côté de tant d'autres déjà votées sous la présidence Macron… Nos chers concitoyens savent-ils vraiment ce qu'est un régime totalitaire ?

Les candidats à la présidentielle envahissent toujours les plateaux de télévision. Tous les deux ou trois jours, un sondage donne le nom du gagnant. Comme au Loto. On dit même qu'un nouveau candidat, plutôt une candidate, pourrait se déclarer vers la mi-janvier, Christiane Taubira. Parviendrait-elle à mettre sur la touche Anne Hidalgo ? Chaque samedi, des manifestations ont lieu à Paris et dans quelques villes de province. Tantôt pour une revalorisation des salaires des soignants, tantôt pour une augmentation du pouvoir d'achat. Le candidat Zemmour qui ne freine guère ses ardeurs verbales s'en prend de plus au plus au président sortant. Dans une interview au *Figaro*, il attaque le conseil scientifique : « Cette instance dicte la politique sanitaire au président. Il est sous sa coupe. Depuis quand le pouvoir scientifique dicte la conduite que doit avoir le pouvoir politique ? Ce conseil me fait peur. Si je suis élu, je le supprimerai. Je me contenterai d'avoir un conseiller scientifique, et chaque fois que cela sera nécessaire, je m'adresserai à des professeurs à la compétence reconnue. Quant au conseil de Défense, je rendrai plus transparents ses comptes rendus. »

CHAPITRE 3

ESPOIR POUR ZEMMOUR, DOUTE POUR MACRON

Ce dimanche 10 avril se déroule le premier tour de l'élection présidentielle. Dans la soirée, l'optimisme est du côté d'Éric Zemmour qui arrive en tête. L'atmosphère n'a rien de consensuel. Des permanences d'élus macronistes ont été saccagées. Des menaces sont proférées contre l'imam de Drancy réputé pour sa tolérance. Le débat de l'avant-second tour entre Macron et Zemmour a été tendu. Comment revenir à une République apaisée ?

Nous sommes dans la semaine du 17 au 24 avril, quelques jours avant le second tour. Pour Emmanuel Macron, la situation se présente moins bien qu'en mai 2017. Éric Zemmour a pris de l'avance, au soir du 1er tour qui a eu lieu le dimanche 10 avril[1] en recueillant

1. L'élection du nouveau président de la République doit intervenir, selon la Constitution, au moins 20 jours et 35 jours au plus avant l'expiration de ses pouvoirs. Le mandat d'Emmanuel Macron se terminant le 13 mai 2022, le 1er et le 2nd tour de l'élection présidentielle ne

plus de 31 % des suffrages, tandis que Macron atteint à peine 29 %. Le doute s'installerait-il dans le camp des macronistes ? Pourtant, les meetings et réunions en faveur du candidat sortant qui se tiennent à Amiens, Marseille, Lille, Rennes, Nice et à la porte de Versailles, à Paris (7 000 personnes présentes), montrent – en dépit de la demande du passe sanitaire pas obligatoire – que ce n'est pas le cas.

On y voit un Macron éblouissant. Percutant. Pédagogue. Les militants en redemandent : ils redécouvrent le candidat qui a tant séduit lors du grand Débat national au premier trimestre 2019 et renversé la vapeur, répondant, en partie, aux revendications des Gilets jaunes.

Au cours de ses meetings, le président semble convaincant lorsqu'il rappelle avoir baissé les impôts depuis trois ans. Lorsqu'il martèle les efforts – 300 milliards d'euros consentis au monde entrepreneurial (restaurateurs, PME, artisans, etc.) pour limiter au maximum les effets désastreux de la crise sanitaire. Lorsqu'il réaffirme que le grand combat du futur pour sauver la planète reste l'écologie. Lorsqu'il évoque le dédoublement des classes de CP, qu'il insiste sur la nouvelle législation protégeant les femmes victimes de violences conjugales, et qu'il revient sur la PMA votée dans un climat presque consensuel, ce ne sont qu'acclamations qui s'amplifient lorsque le président sortant appelle de ses vœux à une société de tolérance et réaffirme

peuvent se dérouler qu'en avril 2022. Se posait un problème : le mois d'avril étant jalonné de ponts, vacances scolaires et fêtes, quelles dates retenir ? Pour le constitutionnaliste Jean-Philippe Derosier, seuls deux binômes de dimanche étaient possibles : les 10 et 24 avril 2022 ou bien le 17 avril et le 1er mai (jour de congé, fête du Travail). Pour le professeur Jean-Philippe Derosier, les dates des 10 et 24 avril apparaissaient comme le meilleur choix. C'est celui qu'a fait le gouvernement en juin 2021.

l'attachement de la République à la laïcité. Seulement voilà : il ne s'adresse qu'à un public acquis à sa cause.

Du côté des électeurs, on se montre catégorique. Emmanuel Macron « n'imprime pas ». En attestent les sondages. Ils sont médiocres. Lisez le sondage de l'Ifop dans *Le Figaro* du 18 avril. Trente et un pour cent des sondés pensent que les mesures prises par Macron, durant son quinquennat, ont permis de redresser le pays. Trente-six pour cent estiment qu'Éric Zemmour aurait fait mieux, notamment dans le domaine de la sécurité et de la justice. Sur la réduction des inégalités, c'est la brisure entre les deux candidats. Vingt-neuf pour cent des sondés estiment que l'ancien ministre de l'Économie de François Hollande a réussi dans cette tâche… Alors que 41 % assurent qu'Éric Zemmour serait mieux à même de réduire les inégalités. Pourquoi Macron dévisse-t-il ainsi ? Le président sortant paie la crise des Gilets jaunes. Son image d'intransigeance, de morgue, d'absence d'empathie pour les gens modestes, la France d'en bas lui colle à la peau. Et cette succession de ministres démissionnaires ajoutée à l'affaire Benalla n'a fait qu'accentuer le désamour entre Macron et une opinion qui n'a pas oublié la politique sanitaire de l'exécutif pleine de couacs, surtout au début de la pandémie.

À l'inverse, Éric Zemmour semble ragaillardi. Ses conseillers, notamment le préfet Gilbert Payet, qui le conseille depuis quelques mois – il a dirigé plusieurs préfectures –, lui imposent un emploi du temps fondé sur un point : sortir. Sortir. Aller au cul des vaches comme aimait à le faire Jacques Chirac. Sortir c'est prendre le pouls des territoires, humer ce qui s'y passe, toucher du doigt les attentes des Français. Entre Payet et Zemmour, le courant passe. Le second écoute le premier. Celui-ci lui conseille d'organiser un meeting dans une ville dirigée par un maire du Rassemblement national. « N'est-ce pas risqué, interroge Zemmour, Marine Le Pen ne va-t-elle pas prendre cette virée comme une provocation ?

— Et alors, mon cher Éric, vous avez envie de dormir à l'Élysée le 2 mai 2022 ? »

Comme un gamin, le candidat acquiesce.

Galopent les jours. Les meetings, réunions, visites d'usines et d'entreprises des deux candidats s'enchaînent. L'accueil réservé à Zemmour est loin d'être froid. Des salariés, des ouvriers, des employés, craignant de perdre définitivement leur emploi à cause de la crise sanitaire, viennent à sa rencontre. Petit jeu des selfies. Encouragements « au candidat du peuple » : « Ne nous laissez pas tomber. Allez jusqu'au bout. » Voilà ce qu'on entend.

Revenons à la campagne électorale. Ici et là, des tensions se font jour. Des militants frontistes s'en prennent à ceux de La République en marche. Comme en 2018, au plus fort du mouvement des Gilets jaunes, des permanences d'élus macronistes sont taguées, parfois incendiées. Patrick Vignal, député de La République en marche de l'Hérault, ancien PS, en fait les frais. C'est la quatrième fois en deux ans qu'il a droit à un « Dégage, et vite ! » Un de ses collègues, Guillaume Chiche, député des Deux-Sèvres, reçoit à son bureau de l'Assemblée nationale un cercueil en bois noir, de 20 cm de long sur 10 de large, avec cette inscription de bon goût : « En Marche ! ». À l'intérieur du cercueil, une lettre d'insultes antisémites. Anonyme. L'atmosphère prend un tour nauséabond. Qui rappelle une période que l'on ne souhaiterait jamais voir resurgir. Au printemps, une trentaine de tombes du carré juif du cimetière de Pantin sont profanées. L'ancien couvent des Franciscaines de Deauville, rénové de façon spectaculaire, qui abrite désormais un magnifique centre culturel, a vu ses vitraux brisés.

Hassen Chalghoumi, l'imam de Drancy, connu pour sa tolérance et les relations amicales qu'il entretient avec les communautés religieuses, notamment juives, a reçu un message glaçant. Toujours anonyme. Deux mots : « Ramadan vaincra. » Les loges franc-maçonnes sont également victimes d'insultes. Sans signature. Le Grand Orient de France, plutôt à gauche, a droit à quelques messages orduriers. Comme si nous avions effectué un voyage nous ramenant à la IIIe République ou l'Occupation. Extraits : « Juiverie-Maçons, même combat », « Juifs en Israël », « Macron complice de Rothschild ». Éric Zemmour réagit immédiatement en envoyant le communiqué suivant à l'AFP : « Je suis bouleversé par les messages de haine qui ont été adressés aux dirigeants de la Franc-maçonnerie de notre pays. Je dénonce de la façon la plus catégorique ces agissements scandaleux. J'adresse mon salut fraternel à la communauté juive de notre pays si éprouvée ces dernières années. La liberté de croire, de penser ou de ne pas croire, fait partie intégrante des valeurs de la République. Jamais il ne faut y attenter. » Le candidat Zemmour tenterait-il de se rattraper après ses propos désastreux sur Pétain, sauveur des Français juifs pendant l'Occupation ?

20 h 30, ce mercredi 20 avril, studio 107 à la plaine Saint-Denis, là où s'étaient affrontés, il y a cinq ans, quasiment jour pour jour, Emmanuel Macron et Marine Le Pen. Les techniciens vérifient que tout est en ordre. Les deux animateurs du débat, Laurent Delahousse, pour France 2, qui a pris la place de Thomas Sotto, qui s'est désisté parce que proche d'une conseillère de Jean Castex, et Anne-Claire Coudray, pour TF1, relisent leurs notes, et pendant qu'on termine leur maquillage, peaufinent une dernière fois leurs questions. Pour l'anecdote, la journaliste de TF1 qui avait été recalée, en mai 2017, par Marine Le Pen a été, cette fois, acceptée par le polémiste.

20 h 45. Après un salut poli, les deux candidats s'installent, chacun à un bout de la grande table ovale qui leur est réservée.

Dans le studio, les candidats, comme c'est la coutume, ont fait venir leurs supporters. Pour Macron, parmi les gens du show-biz, on remarque l'entrepreneur de spectacles Jean-Marc Dumontet, le comédien Pierre Arditi… Comme politiques, Julien Denormandie, Gabriel Attal, le dévoué et consensuel Jean-Yves Le Drian – il fut ministre de François Hollande –, François Bayrou, Jacqueline Gourault. Le très proche du président, celui qui restera la mémoire du quinquennat, Alexis Kohler, détenteur des secrets de la macronie, est présent. Si on scrute attentivement le public on découvre un autre fidèle, dont on parle peu dans les médias, Jean-Marc Borrello, ancien éducateur spécialisé, fondateur de SOS, une association qui lutte contre les exclusions. Ancien membre du cabinet de Gaston Defferre à la mairie de Marseille, ce personnage clé de la macronie a été l'un des tout premiers marcheurs. Sa mission ? Sélectionner les meilleurs éléments de La République en marche pour les législatives. Sans son imprimatur, *exit* l'investiture. Macron lui accorde une confiance absolue.

Du côté du journaliste-candidat, les phares de la garde rapprochée ont pour nom : Sarah Knafo, la conseillère omniprésente et omnipotente, le général de La Chesnais, directeur de campagne, Gilbert Payet, conseiller juridique, Thierry Deransart, l'ami, attaché de presse, Loïk Le Floch-Prigent, l'ancien président d'Elf, son initiateur en économie. Présents également deux hommes que l'on a beaucoup aperçus ces derniers mois : Jean-Yves Le Gallou et Philippe Milliau. Le premier, ancien élève de l'ENA, ex-député européen Front national, a, dès le début 2021, envisagé la candidature de Zemmour. Le second, ancien mégrétiste, est président de TV Libertés. À ce duo s'est greffé, un autre énarque, le pittoresque Jean Messiha que l'on voit beaucoup sur CNews. Faute d'avoir obtenu un poste à sa mesure, au Rassemblement national, cet ex-fonctionnaire au ministère de la Défense a préféré quitter ce mouvement. Surprise, enfin, la présence de Philippe Chevallier, humoriste et associé inséparable depuis des lustres de Laspalès. Chevallier qui a voté Marine au premier tour donnera sa voix à Éric Zemmour au second.

À 21 heures précises, le débat commence. Le tirage au sort a désigné Emmanuel Macron comme premier intervenant. D'emblée, le président sortant apparaît crispé, moins à l'aise qu'en mai 2017. D'habitude, il fixe droit dans les yeux son interlocuteur, le foudroie. Une façon de le déstabiliser. Cette fois, il n'en est rien. Le président sortant égrène les grandes lignes de son bilan : les efforts en faveur des plus défavorisés, les baisses d'impôts, les réformes sociétales comme l'instauration de la PMA, les relations apaisées avec les maires... Le discours manque de souffle. Sa force de conviction, formidable atout en mai 2017, a rétréci. Elle patine. Il suffit de regarder les têtes de Julien Denormandie, ministre de l'Agriculture, Jean-Michel Blanquer, le ministre de l'Éducation, ou Barbara Pompili, la ministre de la Transition écologique. En principe, lorsqu'ils entendent leur « idole en Marche », le regard s'illumine, les yeux pétillent... Ce soir, rien de cela. La mine est grave, comme si un mauvais pressentiment les envahissait. Éric Zemmour, lui, livre une prestation calme. Ce qui est inhabituel. Pas de formule alambiquée. Pas de parole brutale. Pas d'affirmation péremptoire. Avec mesure, il rappelle l'épisode des Gilets jaunes, le cafouillage du gouvernement d'Édouard Philippe dans la gestion du dossier de la réforme des retraites. Il revient sur la proportionnelle pour l'élection des députés. « Vous l'avez oubliée la proportionnelle,

M. Macron ? Je comprends pourquoi. Je prends un exemple : normalement avec plus de 11 millions de voix à la présidentielle de 2017, et autant aux législatives, le Front national d'alors aurait dû obtenir plus de 200 députés à l'Assemblée nationale. Or, il n'en a obtenu que sept à cause d'un scrutin inique. Vous trouvez que c'est juste ? C'est cela votre conception de la démocratie ? Je vous rappelle que votre ami, allié, rallié, M. Bayrou, je ne sais plus comment l'appeler, est également un partisan de la proportionnelle, qui, convenez-en, est le système électoral le plus équitable. Vous aimez tellement M. Bayrou, que vous l'avez promu commissaire au Plan alors qu'il est mis en examen. »

Sourires (satisfaits) et hochements de tête du côté des partisans de l'ancien journaliste. L'heure tourne. Un peu plus de minuit. Les deux débatteurs doivent conclure. Chacun en deux minutes. Le tirage au sort a désigné Emmanuel Macron afin qu'il s'exprime en premier. Celui-ci regarde longuement son rival. Il se lance : « M. Zemmour, vous êtes toujours dans la critique avec vos marottes et vos incantations. Au fond, vous n'êtes préoccupé que par trois ou quatre sujets : l'immigration, la délinquance, la sécurité, l'expulsion des étrangers en situation irrégulière. Ah ! j'allais oublier votre obsession : l'islam qui serait la maladie mortelle qui nous guetterait d'ici 2050. Selon des statistiques dont on ne sait d'où vous les sortez, dans trente ans, 50 % de la population vivant en France sera musulmane. Que proposez-vous pour que notre pays se porte mieux, que les Français les plus modestes voient leur niveau de vie augmenter ? Comment aidez-vous les entreprises à investir davantage ? Vous parlez toujours de sécurité. Qui a fait voter les lois permettant de lutter plus efficacement contre le terrorisme ? Qui a fait voter la loi globale de sécurité ? Dans un autre domaine, qui a créé les maisons de santé réparties sur tout le territoire afin d'assurer des soins pour tous ? Qui a fait baisser les impôts ? [*Énorme éclat de rire d'Éric Zemmour*] La disparition de la taxe d'habitation ? Je pourrai continuer à égrener tout ce que nous avons fait avec mon gouvernement. Enfin, je pourrai vous citer les 30 milliards d'euros investis à l'horizon 2030 pour que la France entre définitivement dans le modernisme. » Réplique d'Éric Zemmour : « Ce qui est marrant avec vous, c'est que vous êtes le prince de l'oscillation mémorielle quand vous évoquez l'Algérie. Un coup, vous pleurez sur le sort des harkis, abandonnés par la France, un autre, vous pleurez sur la manifestation conduite par la fédération FLN de France le 17 octobre 1961, qui était interdite, je vous le rappelle, et qui fut effectivement réprimée par la police... » Emmanuel Macron : « ... Sur l'ordre du préfet de police Maurice Papon, condamné des années plus tard, pour complicité de crimes contre l'Humanité. » Réplique d'Éric Zemmour : « Je ne vais pas être long, M. Macron. Ce que nous avons vécu depuis cinq ans suffit à vous discréditer. La crise des Gilets jaunes ? Vous l'avez oubliée ? Le pays a été à feu et à sang pendant des mois. Vous avez été incapable de ramener le calme. Et je pourrai évoquer le sort réservé aux 10 millions de pauvres... Mais vous, M. Macron, le jeune homme d'Amiens qui monte à Paris pour faire l'ENA – cette école que vous avez subitement en aversion –, à défaut de Normale sup où vous avez échoué, vous ne connaissez pas ce monde. Vous lui préférez celui des banques et des entreprises de la cotation assistée en continu (CAC 40). En avril 2020, votre ministre de la Santé, Olivier Véran, le répétait tous les soirs : nous avons commandé 1 milliard de masques en Chine. Ils vont arriver... Rien n'arrivait. Vous en souvenez-vous ? Au début de l'épidémie, votre directeur général de la Santé, Jérôme Salomon, se montrait formel : les masques sont inutiles. Un mois plus tard, ils étaient indispensables. Vous n'avez fait que gérer la pénurie. Je pourrai poursuivre avec les tests. Une calamité. Voulez-vous que je vous parle de la farce de la vaccination, du discours incohérent de l'exécutif à propos du vaccin AstraZeneca où l'on a entendu votre Premier ministre affirmer qu'il ne comportait aucun risque avant que vous-même ne décidiez le lendemain de le suspendre. Pourquoi ? Pour suivre Angela Merkel qui venait de le suspendre en Allemagne ! J'arrête. Le peuple, dans quelques jours, tranchera. » Le président se contente d'esquisser un sourire. Plutôt crispé. Il réplique : « M. Zemmour, vos propos sont indignes d'un candidat à la présidence de la République. Tout a été dit sur cette pandémie. N'oubliez pas que nous avons aussi sauvé des dizaines de milliers de vies. N'oubliez pas que j'ai proposé un plan de 30 milliards d'euros pour que la France entre de plain-pied dans le XXIe siècle. N'oubliez pas aussi que pour la justice, dont vous parlez si souvent, nous avons fait de gros efforts en augmentant son budget de 8 %. Ce qui n'avait jamais été fait depuis vingt-cinq ans. »

Qui a gagné cette joute ? À minuit quarante-cinq, l'institut Elabe diffuse un premier sondage pour BFM TV : les deux rivaux sont quasi à égalité, avec un très léger avantage à Éric Zemmour. Parmi les réponses, deux ont convaincu. Ainsi, plus de 64 % des personnes interrogées estiment qu'il a raison de souligner le danger que représente l'islam dans la République. Cinquante-six pour cent des personnes interrogées estiment que les peines doivent être plus sévères et que les délinquants étrangers doivent être expulsés du territoire national.

Attendons dimanche. Le lendemain du débat, le jeudi 21 avril, les candidats battus du premier tour donnent leurs consignes. Vers qui leur cœur balance ? Écoutons Jean-Luc Mélenchon, candidat pour la troisième et sans doute dernière fois. Le prince de l'ambiguïté. Replié au siège de La France insoumise, il reprend son antienne : « Écoutez les gens, les électeurs sont assez grands pour savoir pour qui ils doivent voter. Qu'ils ne perdent pas de vue que la situation dans laquelle nous sommes a un responsable : le président sortant. Qu'ils ne perdent pas de vue que l'extrême droite, cette bête immonde, est sur le point d'atteindre son but. Nous sommes le camp du progressisme, de la lutte contre la pauvreté et la misère. Nous sommes la République, celle de 1792, de 1848 et de la Commune de 1871. C'est celle-là que nous voulons instaurer. Seule la VIe République rendra la parole au peuple avec la création du référendum révocatoire. » L'ancien trotskiste, ex-ministre de la Formation professionnelle de Lionel Jospin, veut faire battre Macron. Qu'importe si son vote fait élire Zemmour ! Le Mélenchon de 2022 n'a plus rien à voir avec le Mélenchon de 2017. Il y a cinq ans, il a loupé le coche de peu. Au flamboyant tribun s'est substitué un atrabilaire, un aigri au point de déraper, comme lors de la fameuse perquisition d'octobre 2018 au siège de La France insoumise. Ne l'entendez-vous pas hurler à l'encontre d'un policier et d'un substitut : « La République, c'est moi ! » Le leader de La France insoumise ne l'a pas compris : ses vociférations, les militants ne les ont guère appréciées. Elles ont contribué à décrédibiliser un peu plus la parole mélenchoniste.

L'ex-sénateur de l'Essonne ne galvanise plus les foules. (Selon les sondages, il ne réalise que 10 % des voix, loin de son score de 2017.) Tant et si bien qu'en *off*, des élus de La France insoumise nous confient qu'un Adrien Quatennens, député du Nord, à la dialectique ciselée, ou un François Ruffin, député de la Somme, dont le livre *Il est où le bonheur ?* a connu un franc succès, apportant une réflexion sur l'avenir de notre société, auraient été de meilleurs candidats que Mélenchon.

Toujours du côté de l'extrême gauche, en l'occurrence de Lutte ouvrière, sa porte-parole, Nathalie Arthaud, pâle copie d'Arlette Laguiller, candidate pour la troisième fois (1,5 % des suffrages), de sa voix fluette et monocorde, n'en démord pas : « Il faut que nous en finissions avec les profits colossaux réalisés par tous ces patrons du CAC 40, avec cette spéculation indigne qui permet à des milliers de petits actionnaires et autres rentiers de s'enrichir sans travailler. Ces patrons qui sont les amis de M. Macron à qui il n'a cessé pendant cinq ans de distribuer des cadeaux. Oui, il faut qu'on en finisse avec ces milliers de sans-abri qui ne savent jamais où dormir chaque soir. » Et Nathalie Arthaud d'annoncer la couleur : « Si vous voulez que le peuple ne soit plus l'éternel sacrifié du capitalisme, alors ne votez pas pour le président sortant. De même, si vous ne souhaitez pas que l'extrême droite représentée par M. Zemmour progresse encore, ne lui donnez pas votre voix. » En clair, Nathalie Arthaud prône l'abstention ou le vote nul. Discours identique chez Philippe Poutou, (2 %), à nouveau candidat pour le NPA (Nouveau Parti anticapitaliste). Chez lui, pas de cinéma. C'est un pur. Souvenez-vous de son envolée lors du débat télévisé d'avant premier tour, entre les candidats, le 4 avril 2017 : « Nous, les ouvriers, quand on est convoqués par la police, nous n'avons pas d'immunité ouvrière ! » Et pan, dans le mille ! François Fillon et Mme Le Pen, sous le coup de procédures judiciaires, ne broncheront pas. Authentique, le Poutou ! Sauf qu'il a commis une grosse boulette, il y a quelques mois, en affirmant que les policiers tuaient les gens.

Du côté de la gauche traditionnelle ou orthodoxe, comme on voudra, les deux candidats, Anne Hidalgo pour le PS (6 % des voix) et Fabien Roussel pour le PC (3,5 % des voix), optent en faveur de Macron. La maire de Paris, peu satisfaite de son score, n'en finit pas de répéter qu'avec l'union de la gauche, elle aurait fait beaucoup mieux. Peut-être. N'est pas François Mitterrand qui veut.

Au MoDem, très affaibli en raison des poursuites engagées contre François Bayrou, et la concurrence du mouvement Horizons d'Édouard Philippe (voir *supra*), on votera d'un seul homme pour Emmanuel. *Idem* du côté de La République en marche. Gilles Le Gendre, l'ex-président du groupe à l'Assemblée nationale, grandiloquent comme à l'accoutumée, le dit haut et fort sur CNews : « Macron a été un grand président. En cinq ans de mandat, il a montré qu'il occupait une place fondamentale dans la Vᵉ République. Depuis le général de Gaulle et François Mitterrand, nous n'avions pas eu de président de cette trempe. Pas de président qui ait une vision aussi claire de l'Europe et qui ait réussi à faire entrer la France de plain-pied dans le XXIᵉ siècle. Emmanuel Macron n'a pas terminé son œuvre. Aidons-le à la parachever ce dimanche 24 avril. »

Du côté des écologistes, Yannick Jadot (Europe-Écologie-Les Verts), candidat au premier tour, tablait sur un score au moins aussi important qu'aux Européennes de 2019, soit 13,5 %... Il réalise à peine 11. Difficile d'être le troisième homme du second tour. Jadot paie le prix des âneries distillées par ses amis au lendemain de leur conquête de plusieurs villes aux municipales de juin 2020. Dire, comme le nouveau maire de Lyon, que le Tour de France est machiste et antiécologiste ou que, comme le maire de Bordeaux, plus jamais un sapin mort servira d'arbre de Noël, a sans aucun doute fait perdre des voix à Jadot.

Du côté de la droite dite républicaine, Valérie Pécresse obtient un score en dessous de celui de François Fillon, en 2017 : 16 %. Ce 10 avril, elle finit donc troisième de l'élection présidentielle, juste devant Marine Le Pen qui recueille 15 % des suffrages, les deux premiers étant Emmanuel Macron et Éric Zemmour.

CHAPITRE 4

L'ATTENTE

Dimanche 24 avril. Emmanuel Macron passe la journée en famille au Touquet avant de se rendre dans l'après-midi à l'Élysée. Éric Zemmour déjeune dans son appartement parisien avec son épouse et ses trois enfants. Puis, il regarde Napoléon, *le fameux film d'Abel Gance. L'issue du scrutin est incertaine. À 17 heures, selon un sondage confidentiel en provenance du ministère de l'Intérieur, les deux candidats sont à 50/50. À 20 heures, les chaînes de télévision annoncent que la balance penche pour l'ancien journaliste du* Figaro*…*

J–3, J–2, J–1, le second tour se profile à une vitesse grand V. Dès 8 h 30, le dimanche 24 avril, les journalistes font le pied de grue devant la maison des Macron au Touquet. Ils n'attendent pas longtemps. Au bout de cinq minutes, le couple présidentiel sort. Quelques mots aux journalistes, avec l'habituel « en forme ? » qui suscite cette question : « Et vous, M. le président ? » Réponse : « Tout va bien, mes amis. » Emmanuel Macron enfourche un vélo. Brigitte le suit.

Direction le bureau de vote. Avec, tout au long du parcours, une foule bienveillante. Quelques voix crient : « On y croit ! » Le président sourit. Il arrive au bureau de vote. Salutations d'usage. Bises de Brigitte à une électrice, qui, à n'en pas douter, a été son élève. Le président s'apprête à entrer ; c'est lui qui a introduit dans l'isoloir, deux bulletins de vote à la main, celui qui porte son nom et celui sur lequel est écrit Éric Zemmour. On devine le choix du chef de l'État. Au bout de deux minutes, il se présente devant le président du bureau de vote. Crépitement des appareils photo. Caméras en marche. A voté ! Il n'y a plus qu'à attendre. Dans une dizaine d'heures, la France connaîtra le nom de son nouveau président. En attendant, Emmanuel Macron retourne dans la maison familiale où l'attendent ses belles filles et quelques amis.

Son adversaire a voté dès 8 heures, à la mairie du 8e pour échapper aux photographes. Il est venu seul. Vers midi, il déjeune dans l'appartement familial. Son épouse, Mylène, est présente ainsi que les trois enfants du couple, Hugo, Thibault et Clarisse. Une cousine de Mylène a été invitée. Au menu : salade d'endives avec pommes et noix, colin froid mayonnaise et assortiment de glaces de chez *Bertillon*. À la fin du repas, le candidat, afin d'enrayer le stress qui monte, souhaite regarder un film. Comme il le fait souvent, il sort une vieille cassette recélant un film qu'il adore : le *Napoléon* d'Abel Gance. Un chef-d'œuvre qu'il a visionné des dizaines de fois… Une épopée comme il y en a eu dans l'histoire de France. Un de ses fils, Thibault, l'interpelle : « Tu aurais pu mettre *Les Tontons flingueurs* avec Francis Blanche. C'est plus rigolo. Tu aimes ce film… » Réplique du papa : « Oui, mais avec le moment historique que nous vivons aujourd'hui, le film d'Abel Gance est de circonstance. »

16 heures. Retour au QG de campagne parisien pour s'enquérir des premiers sondages du ministère de l'Inté-

rieur. Même disposant de relais au niveau de la police, ce sera plus compliqué. Il pourra compter sur quelques journalistes bien informés pour connaître la température ! En attendant, il s'allonge sur le canapé de son bureau, tout en lisant le *Journal du dimanche* (JDD). Sont présents les mêmes qu'au *Bristol* le 5 décembre. Il interroge Deransart : « Tu peux me trouver un CD de Dalida ? C'est une de mes chanteuses préférées avec Jacques Brel. Dalida, tu sais quoi ? Elle me fait penser à Mitterrand. Ils ont été intimes, tu le sais ça ? » D'un seul coup, par une association d'idées pas si hasardeuse que cela, le candidat évoque à nouveau l'ancien chef de l'État. « Tu sais que Mitterrand a été plutôt correct avec le Front national et Jean-Marie Le Pen ? C'est lui qui a introduit la proportionnelle pour les législatives de mars 1986, le Front national a obtenu 35 sièges à l'Assemblée nationale, dont celui de Le Pen. Ce dernier lui en a toujours été reconnaissant. » Il poursuit : « Deux ans plus tard, en 1988, avec Pasqua et Chirac plus de proportionnelle et plus de députés Front national. Mitterrand a dédiabolisé ce parti en l'introduisant dans le jeu politique que voulait interdire la droite bien-pensante. Merci Tonton. » Il ajoute : « J'aimais beaucoup Pasqua. Sa gouaille, ses analyses politiques me passionnaient. Elles étaient souvent justes. Et puis, c'est grâce à un de ses collaborateurs, William Abitbol – aujourd'hui décédé –, que je me suis intéressé à la politique et que j'ai fréquenté les cercles du RPR. Attachant William ! Il a été élu député européen. Un jour, il en a eu marre. Il a ouvert un restaurant dans une impasse, à quelques mètres des jardins du Palais-Royal. J'arrête… Je l'aimais beaucoup. »

17 heures, place Beauvau. Les journalistes se bousculent dans la salle de presse pour la traditionnelle soirée électorale. Petit coucou de Darmanin. Macron et Zemmour

seraient à 50/50. Impossible d'en dire plus. Une heure plus tard, constat inchangé. En revanche, le taux de participation serait en train de grimper : aux alentours de 67 %. Ce qui est beaucoup plus que lors des élections régionales.

À l'Élysée, Macron se trouve dans son bureau, en compagnie d'Alexis Kohler, le secrétaire général de la présidence, Richard Ferrand, le président de l'Assemblée nationale, Ismaël Emelien, l'un des stratèges de 2017 qui a fait gagner Macron, et le jeune Gabriel Attal, porte-parole du gouvernement, successeur de Sibeth N'Diaye, la gaffeuse. Au fil des minutes, les visages se figent. Deux ou trois ministres sont muets. Un drame se noue. La défaite se profile. Comme on pressentait la victoire en 2017. De temps à autre, un coup de fil détend le visage du président : son interlocuteur affirme qu'il y a lieu d'être optimiste. Paris et Lyon réaliseraient d'énormes scores en sa faveur. Optimisme qui s'écroule quelques minutes plus tard lorsque Darmanin annonce au président qu'Éric Zemmour a fait exploser le compteur dans les Hauts-de-France : son score pourrait atteindre près de 50 %. Brigitte Macron passe un œil dans le bureau présidentiel. Comme à son habitude, elle embrasse tout le monde, avec un « ça va ? ». Mais Le cœur n'y est pas. Le chef de l'État, de moins en moins Jupiter, fait les cent pas jusqu'à la fenêtre de son bureau. Revient. S'assoit. Regarde le cadre posé sur son bureau : à l'intérieur, la photo du général de Gaulle. Un objet fétiche toujours posé à côté de lui, chaque fois qu'il s'adresse aux Français.

19 h 15 : Gabriel Attal, 33 ans, mais déjà vieux briscard, a la gorge nouée. Il peine à parler. Il est l'un des premiers à apprendre la défaite du président. L'inimaginable, l'impensable, l'incroyable, est en train de survenir : Éric Justin

Zemmour, né le 31 août 1958, est élu président de la République !

À 19 h 30, une centaine de ses partisans accourent aux Tuileries, puis se rendent devant la statue de Jeanne d'Arc. Une façon de penser aux Le Pen qui se livraient chaque année à cette cérémonie. Une façon – astucieuse – d'associer ces derniers à la victoire d'Éric Zemmour.

19 h 45. Ils sont déjà plusieurs centaines place de l'Étoile. Des militants pro-Zemmour, revêtus d'un tee-shirt à l'effigie de leur champion, mais aussi des badauds sans engagement particulier. Ils se sont déplacés pour voir et entendre. Beaucoup de touristes déambulent sur les Champs-Élysées.

Une jeune Allemande, interrogée par une journaliste de BFM TV, se laisse aller : « Je suis triste pour votre pays. Pour l'Europe. La démocratie risque de prendre des coups. J'espère que l'amitié franco-allemande restera la plus forte et que jamais l'extrême droite ne reviendra au pouvoir en Allemagne. » Non loin de là, un touriste anglais se précipite vers BFM TV et hurle : « Vive Éric ! Vive M. Zemmour ! Faites comme BoJo (Boris Johnson, le Premier Ministre britannique) »... Les passants s'arrêtent. Un monsieur, plutôt âgé, élégant, crie : « Vive les Pieds-noirs ! » Les passants, les touristes étrangers, ne comprennent pas très bien. Ils sourient. Et poursuivent leur chemin. Un touriste allemand interroge : « Mais il vient d'où, M. Zemmour ? Il est français ? Ce n'est pas un nom algérien ou marocain ? »

19 h 58. Sur France 2, Laurent Delahousse n'en peut plus. Il confirme le tsunami Zemmour. Dans la foulée, BFM TV et CNews annoncent la victoire de Zemmour.

À peu près au même moment, au siège du CRIF (Conseil

représentatif des institutions juives de France), rue Broca, en plein quartier Mouffetard, règne une atmosphère pesante. Francis Kalifat, son président, alerté dès 18 heures par le ministre de l'Intérieur, Gérald Darmanin, d'une probable victoire d'Éric Zemmour, a convoqué quelques membres du bureau exécutif. Il a appelé les antennes de Marseille, Lille, Toulouse, Strasbourg, pour connaître l'avis de la communauté. Certains sont effondrés ; d'autres, philosophes : « Nous ne sommes plus dans les années trente… Nous avons un président juif ; nous n'avons rien à craindre. » Vous êtes optimistes, s'énerve Kalifat : « C'est quand même Zemmour qui, à longueur de temps, exonère Pétain de tout antisémitisme. C'est quand même Zemmour qui s'est insurgé contre l'enterrement en Israël des deux fils de M. Sandler et de la fillette, Myriam, assassinés par Mohamed Merah. Et les actes antisémites qui se sont multipliés ces derniers mois ? Gommés ? Les cimetières profanés en Alsace, une fable ? Et le préfet de région, qui a droit à un "youpin" écrit sur les murs de la préfecture ? Le président Kalifat, proche de la droite israélienne, lui, n'oublie rien. En tout cas, pas à ses yeux, la filiation vichyste du Front national avant qu'il ne devienne Rassemblement national. Pas davantage ce jour de mars 2018 où Marine Le Pen avec Mélenchon sont priés de ne pas se joindre à la "marche blanche" organisée en souvenir de Madeleine Knoll assassinée quelques jours plus tôt. Mais surtout, ce dimanche 24 avril, cogne dans la tête de Kalifat un évènement pénible : la présence à Vienne de Marine Le Pen, le 27 janvier 2012, à un bal organisé par la Wiener Korporationsring, corporation estudiantine d'extrême droite, et même néonazie… Vous avez lu : 27 janvier ? « C'est le jour du 67e anniversaire de la libération du camp d'Auschwitz. Je n'ai jamais entendu M. Zemmour protester, dans un article contre ces façons de faire de

Mme Le Pen, alliée de Zemmour au second tour de l'élection. » « Qu'allons-nous faire ? » interroge Kalifat.

« Rédiger un communiqué pour demander au nouveau président qu'il veille à ce que le pays retrouve une atmosphère de paix, de fraternité et que chaque communauté religieuse du pays soit respectée ? » Kalifat poursuit : « Écoutez mes amis, nous nous sommes fait avoir par la Cour de cassation qui a déclaré irresponsable pénalement l'assassin de Sarah Halimi. N'oublions pas ce scandale judiciaire qui a fait honte à la République française. La famille Halimi a été privée de procès. » Tous les présents approuvent. Après un tour de table, il est décidé d'attendre avant de solliciter un rendez-vous à la nouvelle présidente. Dans l'immédiat, Kalifat va contacter *Le Monde* ou *Le Figaro* pour obtenir une interview.

À quelques kilomètres de là, rue Lecourbe dans le 15e arrondissement, l'angoisse est tout aussi palpable. Plus qu'au Crif. C'est ici que se trouvent les locaux du Conseil français du culte musulman (CFCM), censé représenter les musulmans de France. Vers 18 heures, par une indiscrétion de la place Beauvau, on a appris la victoire probable d'Éric Zemmour. Quelques dirigeants sont présents comme l'ancien président Ahmet Ogras, proche des convictions d'Erdogan ou Abdallah Zekri, le délégué général. Eux aussi ont peur. Peur d'être pointés du doigt par le nouveau pouvoir en place. Laïcité, port du voile, mosquées, terrorisme, islam radical, guerre d'Algérie, Frères musulmans. Depuis des années, ces mots se bousculent, s'entrechoquent dans la tête de nombreux Français de religion musulmane. Disons-le franchement, certains ont du mal à accepter le principe de laïcité, socle de la République, tout comme ils éprouvent des difficultés à accepter l'interdiction du port du voile dans les établissements scolaires. D'où des tensions entre les tenants de la laïcité et les tenants du communautarisme. Ce mot déplaît. C'est une réalité. Comme sont une réalité les agressions contre les musulmans. Ou les attentats sanglants commis par les soldats de Daech, qui ont causé des victimes parmi les musulmans. Réalité enfin, l'exportation en France du conflit israélo-palestinien. Quels sont les projets du nouveau président de la République ? Faire preuve d'une plus grande fermeté sur le financement étranger des mosquées ? Ne plus laisser les intégristes faire régner l'ordre en échange de la tolérance de petits trafics dans les banlieues ? La déchéance de nationalité, de triste mémoire, va-t-elle ressortir des placards ? Les dirigeants du CFCM ont conscience de ces problèmes. L'arrivée d'Éric Zemmour à l'Élysée change la donne. « Sous Macron, remarque un membre du bureau du CFCM, qui préfère que son identité ne soit pas révélée, nous avons été secoués avec la loi sur le séparatisme. Darmanin nous a maltraités avec la fermeture provisoire de la mosquée de Pantin. Cela était certes déplaisant. Nous avons changé de recteur, d'imam et au bout de six mois la mosquée a été rouverte. Avec Macron et Darmanin, nous avons eu un dialogue serré, difficile, mais on s'en est sorti. » Il poursuit : « Avec le président Zemmour je redoute que nous allions à l'affrontement. Son électorat, à 80, voire 90 %, ne fait pas de différence entre l'islam et l'islam radical ou l'islam politique. Pour cet électorat, l'islam sous-entend terrorisme, attentats, victimes. Vous verrez, le problème des repas à la cantine va ressurgir ; celui des sorties scolaires, aussi, avec cette interrogation : les accompagnatrices pourront-elles porter le voile ? Risque de se poser également, avec les vacances d'été, la question du burkini. Bon nombre de maires, surtout dans la région Provence-Alpes-Côte d'Azur, prendront des arrêtés l'interdisant. Des frictions sont inévitables. Soit entre les jeunes filles porteuses de burkini et la population, soit entre les jeunes filles et la police municipale qui voudra verbaliser. » Le dirigeant du CFCM s'interroge :

« Quelles seront nos relations avec le nouveau chef de l'État ? On ne peut jurer de rien. Encore que le retour du ministère de l'Immigration et de l'Identité nationale ne peut que nous laisser sceptiques pour l'avenir. »

Une certitude : cette question de la laïcité, et des relations entre les musulmans de France et le nouveau pouvoir, sera forcément un sujet de crispation.

CHAPITRE 5

FOIRE D'EMPOIGNE

L'incroyable a eu lieu : Éric Zemmour est élu président de la République. Il bat Emmanuel Macron de 86 000 voix, l'écart le plus faible jamais recensé pour une élection à la présidence de la République. Déjà, les ralliements au nouveau chef de l'État se font jour... Les débats à la télévision, le soir de ce second tour, tournent à la foire d'empoigne entre les partisans de Zemmour et leurs nouveaux opposants, notamment les élus de La République en marche.

Dimanche 24 avril. 20 h 40. Les résultats s'affinent. L'écart entre le sortant et Éric Zemmour est de 86 000 voix. En pourcentage, cela représente 0,1 % ! Que s'est-il passé ? Pourquoi Emmanuel Macron n'a-t-il pu dépasser la barre des 50 % ? Il est clair qu'une partie des électeurs des LR et que 70 à 80 % des électeurs de Marine Le Pen (quatrième après le premier tour) se sont déportés vers Éric Zemmour. Quant au PS, moribond – où est-il le grand parti de Jaurès et de Blum ? –, bon nombre de ses militants ou adhérents ont refusé de choisir entre Macron et Zemmour. Vous vous souvenez du pittoresque dirigeant du PC, Jacques Duclos ?

Lors de la présidentielle de 1969, ce dernier, éliminé du premier tour, avait refusé de choisir, pour le second, entre Georges Pompidou et le centriste Alain Poher. « Pompidou, avait plaidé l'ancien pâtissier avec son accent des Hautes-Pyrénées reconnaissable entre mille, c'est "blanc bonnet et bonnet blanc". »

En 2017, Valérie Rabault, députée PS du Lot-et-Garonne, ancienne rapporteuse respectée du Budget, adoptera une attitude identique. Elle récidive en 2022, republiant sur son site, la tribune intitulée « À un ami de gauche », écrite cinq ans plus tôt. C'était le 3 mai 2017, quatre jours avant le second tour. Extraits : « Le 7 mai, je vais à la pêche [...]. Ce sera sans ma voix. [...] J'ai déjà donné en 2002, voici ce qu'on entend sur les marchés de France depuis le résultat du premier tour. Cette fois, c'est dit : une partie de la gauche ne veut plus arbitrer le match face au Front national. [...] Que n'ai-je entendu, à Montauban, ou Saint-Antonin-Noble-Val, critiquer "ces bobos parisiens qui se retrouvent à la Rotonde et qui voudraient qu'on vote pour eux" ou encore "ces jeunes loups aux dents longues" qui s'affichent en une de *Paris Match*. Beaucoup d'électeurs de gauche qui vivent au-delà du périphérique parisien se sentent trahis par cette représentation politique, et ne voient pas pourquoi ils donneraient leurs voix à Emmanuel Macron, même pour battre le Front national. » Cinq ans après l'avoir écrite, Valérie Rabault ne change pas un mot de sa lettre « À l'ami de gauche ».

Déport de voix de la droite classique et de La France insoumise vers Zemmour, abstention du côté du NPA de Philippe Poutou, de Lutte ouvrière de Nathalie Arthaud et d'une partie de l'électorat du PS – surtout du sud du pays –, et le second tour est joué : l'ancien journaliste entre à l'Élysée. Il a déjoué tous les pronostics, ou presque, de nos intellectuels omniscients. Ceux-là mêmes qui, en 2018, avec certitude, péroraient sur Donald Trump : « Mais vous n'y pensez pas, voir un tel personnage entrer à la Maison Blanche, c'est inimaginable. Impensable ! Les Américains l'enverront bouler et Hillary Clinton sera élue. » Comment ne pas penser à l'essayiste Alain Minc, pythie de la politique française, qui nous assurait – il ne fut pas le seul – que Hillary l'emporterait face à Trump. Quelle perspicacité !

Place de la Bastille, quelques centaines de militants de La République en marche et du PS (eh oui !) entonnent une *Marseillaise* peu audible. Qu'il est loin ce 10 mai 1981 où le « peuple de gauche », sur cette même place de la Bastille, chantait et saluait la victoire de François Mitterrand après vingt-trois ans de pouvoir gaulliste ! Qu'il est loin ce jour de mai 1995 où d'un balcon de l'avenue d'Iéna, Jacques Chirac, élu président depuis quelques minutes, entouré de Bernadette, de Juppé et du sosie de Harry Potter – le jeune François Baroin –, levait les bras tel un footballeur qui vient de marquer un but ! La République est encore bon enfant en dépit de cette fracture sociale qui hante le successeur de François Mitterrand et ne va cesser de s'amplifier. Une déchirure béante qui préfigure, à plus ou moins long terme, l'élection d'un franc-tireur dénommé Zemmour. Seulement voilà : personne n'y a cru.

Dimanche 24 avril. 20 h 45. Élus, journalistes, doctes politologues se pressent dans les studios de radio et les plateaux de télévision. Certains ne parviennent pas à croire que, pour la première fois dans l'histoire de la République, ni la gauche ni la droite ne seront au pouvoir.

Dès les résultats officieux tombés, le boutefeu journaliste Jean-Michel Aphatie, qui part toujours au quart de tour, n'y va pas par quatre chemins sur LCI : « Je suis écœuré. Abasourdi, triste pour mon pays. Depuis des années, à chaque fois que l'occasion m'en était donnée, je le répétais : Marine Le Pen entrera un jour ou l'autre à l'Élysée. J'avais prévenu en 2002, lorsque son père s'est retrouvé au second tour face à Chirac. Ça a pris vingt ans. Le 24 avril 2022, Éric Zemmour, clone de Le Pen père et fille, entre à l'Élysée. » Aphatie poursuit : « Zemmour, je le connais depuis vingt ans. Il est l'archétype de la violence, c'est sa marque de fabrique. C'est un peu à cause de ses éditos que j'ai quitté RTL. L'un d'entre eux m'est resté en tête. C'est lorsqu'il avait déclaré que la loi Veil sur l'IVG avait entraîné 4,5 millions d'assassinats. Je pense que nous allons avoir un quinquennat qui risque d'être agité. À condition que le président Zemmour aille jusqu'à son terme. » Aphatie termine : « L'écart entre les deux candidats est faible. Tout est possible lors des législatives. Il faut qu'un Front républicain fasse battre les candidats étiquetés Zemmour. »

Les élus présents sur le plateau, Olivier Faure pour le PS, Fabien Roussel pour le PC, approuvent la sortie du journaliste ; François Bayrou également, tout en lâchant : « Dès le début du quinquennat de M. Macron les choses ne se présentaient pas très bien. Sans doute avons-nous proposé de bonnes réformes, mais sans doute avons-nous été trop sûrs de nous. Comme si nous décrétions avoir raison contre tout le monde. » La phrase n'a pas dû faire plaisir au président battu. L'unique partisan du nouveau président, Jean-Yves Le Gallou, ancien député européen (RN), est aux anges. Grâce à la victoire de son ami Éric, mais aussi en raison de la promesse que ce dernier lui a faite : « Tu auras un poste de ministre. » Le Gallou confirme que l'Assemblée nationale va être dissoute et que les législatives se dérouleront vers la fin du mois de mai. Avec un espoir, mettre en adéquation politique l'Assemblée nationale avec le pouvoir exécutif. Et Le Gallou de préciser : « Il y aura des candidats qui porteront nos couleurs dans les 577 circonscriptions que compte le pays. Leur étiquette sera facile à voir : bleu, blanc, rouge. » L'annonce fait bondir Bayrou : « C'est incroyable, lance-t-il à Le Gallou, vous vous appropriez le drapeau tricolore, comme si vous en étiez les seuls détenteurs et les uniques patriotes du pays. Il y avait la PME Le Pen ; il y a désormais la PME Zemmour. » L'ancien député européen s'emporte : « Et vous, M. Bayrou, vous ne pensez pas qu'avec M. Fesneau [le ministre chargé des Relations avec le Parlement] et Mme Gourault [la ministre chargée de l'Espace et de l'Aménagement du territoire], vous formez une PME ? Mais vous c'est une authentique PME, qui depuis cinq ans est cantonnée à un rôle de supplétif de M. Macron. » Le futur ministre de la Culture termine : « M. Bayrou, vous êtes le représentant de l'européisme, vous oubliez la France. C'est à se demander si vous l'aimez. » Ambiance. Le maire de Pau, nommé il y a deux ans commissaire au plan, ne bronche pas. Sur les autres chaînes, le ton est identique. Pesant. Empreint d'une violence contenue.

Parfois, la marmite explose. C'est ce qui se passe sur France 2, avec Sébastien Chenu, député du nord du Rassemblement national rallié, on l'a vu, de la dernière heure, à Éric Zemmour. D'emblée, Chenu lance à Julien Bargeton, sénateur de Paris LREM : « Vous venez de perdre la présidentielle ; votre président, pardon ex-président, paie cher son arrogance, sa morgue et ses certitudes sur tous les sujets. Oui, cher collègue, depuis cinq ans, sa politique économique déplorable nous a conduits dans le mur. Oui, cher collègue, depuis cinq ans la grogne sociale s'est installée dans le pays. Oui, cher collègue, vous avez été incapable de régler et de comprendre les préoccupations des Français. Comme vous avez été incapable de faire face à la crise des Gilets jaunes avec des émeutes qui, chaque samedi, ont saccagé Paris et d'autres grandes villes. Monsieur, nos concitoyens ne souhaitent qu'une chose : que la chienlit cesse et que vous soyez battus à l'issue des prochaines législatives. » À la fin de cette diatribe, on entend

Bayrou murmurer à l'oreille de Nathalie Saint-Cricq, éditorialiste politique de la 2 : « C'est un guignol, ce Chenu, regardez ces chaussures, elles sont mauves ! » Et la journaliste d'éclater de rire. Face aux propos du député frontiste, Bargeton, d'ordinaire si prompt à prendre la mouche, garde son calme. On devine qu'intérieurement, il bout. Il rétorque : « M. Chenu, ne soyez pas trop pressé. Attendez le vote de nos concitoyens lors des législatives d'ici un mois. Rien n'est figé. Soyez modeste. Votre victoire est une victoire à la Pyrrhus. Ensuite, sachez que le modèle de société que vous nous proposez est le frère jumeau de celui qui existe en Hongrie avec Viktor Orban ou en Slovénie avec Janez Janša, copies de Salvini en Italie. Les Français n'en veulent pas. » Le sénateur ajoute : « Je ne conteste pas le choix de nos concitoyens. Un nouveau président a été élu. Vous ne m'empêcherez pas de rappeler que moins de 100 000 voix le séparent d'Emmanuel Macron. Rien n'est acquis. Des rebondissements ne sont pas à exclure. Car j'entends, ici et là, du côté de la Commission des comptes de campagne, que le financement de la campagne du président provisoire – il l'est, pardonnez-moi de vous le dire – n'aurait pas été d'une rigueur et d'une orthodoxie exemplaires. »

Le socialiste François Kalfon, ancien conseiller régional de l'Ile-de-France, reste ébahi face au discours de Chenu. Ébahi, mais pas muet. Témoin, cette phrase cinglante : « M. Chenu, votre intervention en dit long sur ce qui nous attend avec le mandat de votre patron. S'il ne dure pas cinq ans, en raison des troubles qui peuvent s'instaurer en France, je vous le dis, j'en serai ravi. » Réplique du député du Nord : « Je constate qu'au PS on est toujours démocrate, républicain et respectueux du suffrage universel. » À ses côtés, Bruno Retailleau, le patron des sénateurs LR, boit du petit-lait. Pas mécontent de la sortie de Chenu. Il est

23 h 15. Les débats sur les radios et plateaux de télé cessent. Les résultats s'affinent quand on les examine région par région, ou ville par ville.

À ce moment-là, sur BFM TV, Apolline de Malherbe, la présentatrice-vedette de la chaîne, mine défaite, lit un communiqué d'Emmanuel Macron, envoyé depuis l'Élysée : « Mes chers compatriotes, je tiens à remercier les quelque 14,2 millions d'entre vous qui m'ont accordé leurs suffrages. La défaite est cruelle, rude, mais je ne peux la contester en dépit de la marge très faible qui me sépare de mon adversaire. Je lui souhaite réussite dans ses nouvelles fonctions. En espérant que l'unité de la République résistera, vive la République, vive la France ! » Pour être court, c'est court ! Emmanuel Macron ne cite pas le nom de son successeur. Il fait le service minimum. Quant à Éric Zemmour il ne fait guère mieux. Voici son message rédigé depuis sa permanence : « Après des années de bataille, de combat, de moqueries de nos adversaires, nos idées triomphent. Nous n'en avons jamais douté. La France ne sera pas une terre d'Islam, que de chemin parcouru depuis ces années où le candidat du Front National réalisait 2 % à l'élection présidentielle. Nos propositions pour faire entrer la France dans le XXIe siècle sont désormais majoritaires. Je remercie du fond du cœur les 14,3 millions d'électeurs, de patriotes, qui ont voté pour nous. Je l'affirme solennellement, avec mon équipe que je désignerai rapidement, nous ferons de la France un pays de progrès, réunifié et où il fera à nouveau bon vivre. Oui, la France redeviendra un exemple pour les partisans de la laïcité. Plus personne ne restera sur le bord du chemin. Enfin, je souhaite le meilleur pour M. le président Macron. Vive la République ! Et surtout, vive la France ! »

La soirée se termine. Juste le temps pour Apolline de Malherbe de montrer quelques « unes » des quotidiens du lendemain. *Le Parisien* : « C'est Zemmour. D'une courte tête ». *Le Figaro* : « Sécurité, immigration, islam : le programme de Zemmour ». *Libération* : « Éric Le Pen à l'Élysée ». *L'Humanité* : « L'extrême droite à l'Élysée ». *Ouest-France* : « Éric Zemmour président ». Avec ce sous-titre : « L'extrême droite en forte hausse en Bretagne ». *Le Monde* titre : « Qui est M. Zemmour ? » Avec ce sous-titre : « Pour la première fois, un président d'extrême droite, de confession juive, entre à l'Élysée ».

Le Point réussit le tour de force de sortir un numéro spécial vers minuit – un savoir-faire qui remonte à des années – avec cette une, sobre, mais compréhensible par tous : une grande photo du nouveau chef de l'État. Simplement. *L'Express* en fait autant. Avec une couverture montrant à la fois le sortant et l'entrant. Quant au *JDD*, dès 22 h 30, on peut l'acheter auprès de vendeurs à la criée. Le lecteur a droit à une longue enquête sur Éric Zemmour. L'origine pied-noir de ses parents. L'arrivée en France en pleine guerre d'Algérie. La naissance d'Éric le 31 août 1958 à Montreuil-sous-Bois. L'installation à Drancy puis à Château-Rouge. Son mariage avec Mylène. Son échec à l'ENA suivi, des années plus tard, de sa nomination comme membre du jury d'entrée de l'école Sciences Po. La naissance de ses trois enfants. Les premiers pas dans le journalisme. L'éclosion du polémiste. Les succès de librairie. L'ambition.

Le président sortant n'a pas convaincu une partie de la gauche traditionnelle, pas plus qu'il n'a rallié les voix d'une grande partie des Républicains. Pour couronner le tout, bon nombre d'abstentionnistes du premier tour qu'on pouvait croire favorables à Macron ont choisi Éric Zemmour.

Avec Macron, le credo « à droite et à gauche » était la doxa. Avec son successeur se substitue un credo « ni droite, ni gauche, français, patriote ». Désormais, le clivage se situe entre « les nationaux patriotes » et « les mondialistes progressistes ». Le candidat Zemmour a gagné son pari. Quelle sera sa politique économique et sociale ? Va-t-il vouloir quitter l'Union européenne ? Quelles sont ses intentions dans le domaine de l'immigration ? Sera-ce l'immigration zéro, comme il l'affirme ? Sur le plan pénal, va-t-il durcir la législation en matière de délinquance des mineurs ? Quelles vont être les relations entre le nouveau pouvoir et les organisations syndicales ? Philippe Martinez, le secrétaire général de la CGT, a prévenu durant la campagne électorale : « À la moindre remise en cause du droit syndical, du droit de grève, la sanction sera immédiate : nous déclencherons une grève générale illimitée. » Si les dirigeants des autres centrales syndicales sont restés muets, il est clair qu'ils emboîteront le pas à la centrale syndicale qui a montré lors de la réforme des retraites, au cours du mois de décembre 2019, que son combat, jusqu'au-boutiste était payant. Quant à l'organisation patronale, le Medef, il n'est pas sûr qu'elle manifeste la moindre hostilité face au volet social du gouvernement. Les méchantes langues aiment rappeler que les patrons peuvent se révéler être de zélés collaborateurs. Attendons la suite. Avec ces autres questions : comment va réagir le monde de l'éducation, le personnel hospitalier ? Et l'on pourrait évoquer les banlieues de l'Est parisien, de la métropole lyonnaise, de la région Provence-Alpes-Côte d'Azur, bref, de toutes les zones sensibles de notre pays – on en dénombre un millier – dans lesquelles des jeunes, sans qualification, sans travail – excepté le trafic de drogue – sont prêts, pour un motif futile, à en découdre avec les forces de l'ordre et à mener des actions insurrectionnelles, comme en 2005. Ou à tout le moins une guérilla urbaine, comme à Tourcoing, ville de Darmanin, au printemps 2021, qui a vu cinq nuits de suite s'affronter jeunes et forces de l'ordre.

La France ressemble à une cocotte-minute qui peut exploser à tout moment. Elle l'a montré sous le quinquennat d'Emmanuel Macron. Une rechute est-elle possible ? Le président élu possède-t-il une médication pour éviter un embrasement qui pourrait, selon diverses notes de nos services de renseignements, s'avérer violente ? Témoin, cette note de la direction du renseignement territorial de la préfecture de police de Paris, en date du 20 avril – soit à l'entre-deux tours de la présidentielle –, destinée au préfet de police, et estampillée confidentiel-défense : « Depuis le début avril, selon l'un de nos informateurs demeurant en Seine-Saint-Denis, une vingtaine de kalachnikovs sont stockés dans un garage de la ville de Stains. Ces armes proviennent des Balkans et auraient été récupérées dans l'ex-Yougoslavie. Des battes de base-ball seraient également cachées dans ledit garage. Chaque nuit, deux à trois jeunes viennent vérifier si le "matériel" est toujours en place. D'après nos informations, ces armes pourraient servir à un guet-apens destiné à viser les forces de l'ordre, selon un modus operandi, similaire à celui qui a eu lieu non loin de Corbeil-Essonnes. Une trentaine de jeunes – âgés de 14 à 19 ans – pourraient être présents lors du guet-apens. Il n'est pas exclu que des bandes de jeunes aient recours à des opérations identiques dans d'autres endroits du pays. » Par courtoisie républicaine, Gérald Darmanin, ministre de l'Intérieur pendant quelques jours encore, a transmis cette note à l'entourage de M. Zemmour.

Voilà qui est inquiétant. C'est peu à côté d'une autre découverte faite par la direction générale de la sécurité intérieure (DGSI), une semaine avant le premier tour de la présidentielle : une tentative d'attentat au domicile du couple Zemmour dans le 8e arrondissement de la capitale. Les maîtres d'œuvre ? Un Afghan et un Pakistanais qui ont quitté Kaboul le 22 août 2021, au moment de la débâcle américaine, pour se retrouver à Paris dans des conditions à élucider. Seule certitude : la DGSI a reçu un message de l'ambassade de France à Kaboul, indiquant que deux individus identifiés – l'Afghan et le Pakistanais, ce dernier membre de l'État islamique – s'apprêtaient à commettre des attentats en France visant des proches du nouveau président. Pendant deux jours, les deux hommes, hébergés dans un foyer à Noisy-le-Sec (Seine-Saint-Denis), sont filochés. Jusqu'à ce qu'ils se fassent prendre, à 2 heures du matin, en train de tourner, en voiture, autour de l'immeuble d'Éric Zemmour. Dans le sac que l'un des hommes porte, deux kalachnikovs, une arme de poing et une charge d'explosifs conséquente, pouvaient occasionner d'importants dégâts. Mortels. Cela va sans dire.

Personne, sauf Emmanuel Macron, Éric Dupond-Moretti et le parquet national antiterroriste qui a ouvert une information judiciaire pour tentative d'assassinat, association de malfaiteurs en relation avec une entreprise terroriste, n'aura connaissance de l'arrestation des deux individus. Dès le lendemain, Darmanin appelle confidentiellement Éric Zemmour pour le lui dire. Remerciements d'usage de l'intéressé. Naïvement, l'ancien maire de Tourcoing, ne serait-ce que par fair-play, croit que le candidat va en faire état publiquement. Eh bien non, il ne bronche pas. Du coup, après quatre jours de silence, Darmanin, dans une interview au *Parisien*, révèle cet attentat déjoué. Le nouveau chef de l'exécutif se voit contraindre de remercier le ministre de l'Intérieur. En réalité, il est furieux.

« Vous voyez, monsieur Zemmour, nos services de renseignements ne sont pas si nuls que vous ne le dites », confie Darmanin au quotidien.

Un peu secoué, le président poursuit ses consultations. Dans deux ou trois jours, il annoncera la formation de son gouvernement qui ne sera que provisoire. Installé dans son QG, rue Jean-Goujon, dans le 8e, situé à quelques centaines de mètres de l'Élysée, il reçoit des personnalités susceptibles d'être ministres ou de lui donner des conseils. Le président a conscience que, ne pouvant s'appuyer ni sur un parti, ni sur des députés ou sénateurs, il faut faire avec, comme on dit vulgairement. Mais il sait que, à chaque lendemain d'élections, surgissent des volontaires, des ralliés, des convertis, prêts pour l'exercice du pouvoir. Au sein du Rassemblement national, quelques-uns se sont manifestés. Rappelons leurs noms : David Rachline, le maire de Fréjus, Louis Aliot, le maire de Perpignan, qui, pour être honnête, dès 2019 appelait à une candidature Zemmour, Laurent Jacobelli, porte-parole du RN très souvent aperçu sur les chaînes de télévision, Gilbert Collard, l'avocat tonitruant qui disait haut et fort, il y a peu, que : « Zemmour ferait un extraordinaire Premier ministre ! » Des anciens de l'UMP, comme Jean-Paul Garraud et Thierry Mariani, désormais députés européens au Rassemblement national, pourraient être très utiles[1]. Le premier, qui fut en conflit ouvert avec Alain Juppé, se verrait bien rejoindre la place Vendôme.

1. Ce ralliement a été payant puisque tous deux seront élus députés européens. Thierry Mariani a été élu à l'Assemblée nationale dès 1993 sous l'étiquette UMP. Quoique battu par Renaud Muselier aux régionales en juin 2021 dans la région Paca, Mariani, très proche de David Rachline, le maire de Fréjus, est devenu un personnage incontournable de la galaxie lepéniste. Voir son portrait dans *L'Obs* du 27 mai au 2 juin 2021 : Thierry Mariani, le mercenaire du RN, par Paul Laubacher et Caroline Michel-Aguirre. Quant à Jean-Paul Garraud, fils et petit-fils de magistrats, il a été député UMP de Gironde de 2002 à 2012. Ancien élève de l'École nationale de la magistrature, il a notamment été président du tribunal de grande instance de La Rochelle. Candidat au poste de procureur national antiterroriste en 2018, il en sera écarté au bénéfice de François Molins, ancien procureur de la République de Paris, aujourd'hui procureur général près la Cour de cassation. D'un naturel

Zemmour, quelques jours avant le second tour, lance, un tantinet vachard : « Avec ces deux-là, je suis tranquille : ils ont déserté l'UMP pour rejoindre le RN. Ils auront encore moins de difficulté pour passer du RN chez Zemmour. » Ajoutez à ce petit monde les compagnons des premiers jours, comme Le Gallou – déjà cité –, Paul-Marie Coûteaux, ancien député européen, Olivier Ubéda, consultant en stratégie politique, l'un des artisans de la victoire de Sarkozy, Jacques Bompard, un ami de plus de vingt ans, maire d'Orange, Julien Madar, un ancien de chez Rothschild, Charles Gave, président du Biarritz olympique qui a beaucoup aidé le candidat, et le jeune Antoine Diers, directeur de cabinet du maire de Plessis-Robinson, chasseur des fameuses 500 signatures, et nous avons la garde rapprochée du président… Sans compter ceux qui, pour l'heure – notamment des grands patrons –, peu nombreux, semble-t-il, désirent rester discrets et même secrets.

Depuis sa victoire, le 24 avril, le chef de l'État, toujours en compagnie de Sarah et du préfet Payet, a consulté beaucoup de monde. Ceux cités ci-dessus, mais aussi quelques personnalités, hauts fonctionnaires, parlementaires qui lui font des appels du pied. Les élections législatives approchent. Une investiture, un adoubement seraient les bienvenus. Parfois, il y a des couacs.

Comme ce mardi 26 avril. Voilà 48 heures que la France a un nouveau président. Vers 7 heures du matin, un homme, plutôt petit, bouille ronde, ornée de fines lunettes, se présente au QG du nouveau chef de l'exécutif, rue Jean-Goujon. Il ne doit pas être vu. C'est raté. Un photographe, genre Rouletabille, travaillant pour une célèbre agence de presse spécialisée dans *les people*, connue pour gérer les

posé, urbain, ce magistrat tranche avec quelques-uns de ses collègues du Rassemblement national au ton souvent véhément.

photos du couple Macron, toujours à l'affût d'un scoop – il peut rester une nuit durant à guetter sa proie –, reconnaît Éric Ciotti, député des Alpes-Maritimes, expert ès sécurité chez les Républicains. Et, *a priori*, zemmouro-compatible. Oui, c'est le même Ciotti qui a concouru à la primaire des LR !

Imprudent député ! Il est pris en photo. Parole facile, sachant se montrer avenant, il ne fait pas dans la dentelle. Les djihadistes français prisonniers en Irak ? Ils n'ont pas à embarrasser la justice française. Ils doivent être jugés à Bagdad. Les auteurs de violences sur les policiers ? Ils doivent être condamnés à des peines exemplaires. Les criminels sexuels ? Pas de pitié. La perpétuité réelle doit leur être infligée. Cette intransigeance plaît au bon peuple. Si ce 26 avril, Éric Ciotti croit en ses chances d'être ministre de l'Intérieur d'Éric Zemmour, après avoir pensé l'être de Valérie Pécresse, il va déchanter. En début d'après-midi, les réseaux sociaux publient la photo du député des Alpes-Maritimes entrant au QG d'Eric Zemmour. Elle n'échappe pas à Christian Jacob, le président des LR. Il est furieux. Il n'est pas le seul, les Bertrand, Baroin et même Retailleau le sont tout autant. Jacob appelle Ciotti sur son portable. Il lui passe un savon : « Tu n'as pas été mandaté pour rencontrer celui qui nous fait perdre la présidentielle et qui veut notre mort. Tu n'as pas compris qu'une zone d'étanchéité existe entre le parti et l'extrême droite. » Contrarié, Ciotti rentre dans le rang. Il n'ira pas place Beauvau.

Jeudi 28 avril. Franceinfo annonce que le président doit déjeuner chez *Fred*, un restaurant du boulevard Pereire, dans le 17e, réputé pour sa côte de bœuf et son saucisson. Dans un passé lointain, le journaliste Éric Zemmour y déjeunait avec Jean-Marie Le Pen. Dès 13 heures il est attablé avec son garde du corps. Tous deux attendent un troisième convive. Au bout de cinq minutes, il arrive. Il est immédiatement reconnu. C'est Laurent Wauquiez, ancien ministre des Affaires européennes de Sarkozy, aujourd'hui président du conseil régional d'Auvergne-Rhône-Alpes.

En un rien de temps le restaurant est envahi de journalistes. Avec cette unique question : « Monsieur le président quel poste allez-vous confier à M. Wauquiez dans le futur gouvernement ? » « Vous le saurez très vite », lâche M. Zemmour avec un large sourire. Tout le monde a compris : Wauquiez sera le prochain Premier ministre. Les deux hommes déjeunent tranquillement. Au bout d'une heure, ils quittent le restaurant.

CHAPITRE 6

ÉCONOMIE, LA FAILLE

Quand l'élève Zemmour prenait des cours en économie. Preuve de modestie ou reconnaissance de ses lacunes ? Son programme économique : retraite à 64 ans. Baisse de l'impôt sur le revenu. Suppression des frais de succession lors de la transmission d'une entreprise familiale. Suppression de l'aide médicale d'État (AME). Désormais, la solidarité nationale qui ne bénéficiera qu'aux Français. Au total, une politique économique flottante à la fois fondée sur le libéralisme et l'interventionnisme étatique. Sera-ce convaincant ?

Devinette : quel est le point commun qui unit François Mitterrand, Marine Le Pen et Éric Zemmour ? C'est élémentaire : tous trois n'ont jamais eu de l'appétit pour l'économie, considérant que le débat d'idées, le débat politique, suffisent à gagner une élection. François Mitterrand sera battu par meilleur que lui – Giscard – en économie, en mai 1974. Marine Le Pen, face à Emmanuel Macron, lors du second tour de l'élection présidentielle de mai 2017 a fourni une prestation médiocre, principalement sur le plan économique. Elle a été balayée par Macron. Cinq ans plus tard, Éric Zemmour, malgré de bons sondages, sait que l'économie peut le faire perdre. Alors, il a décidé de prendre des cours… de rattrapage, auprès d'un chef d'entreprise, très en vogue sous François Mitterrand. Son nom : Loïk Le Floch-Prigent. Âgé aujourd'hui de 78 ans, ce grand commis de l'État, mitterrandiste inconditionnel, ancien président de Rhône-Poulenc, de la Société nationale des chemins de fer français (SNCF) et d'Elf, chute lourdement, en 1995, pour de graves fautes de gestion commises alors qu'il présidait le groupe pétrolier. Après une traversée du désert, il se retrouve consultant, ce qui lui permet de sortir la tête de l'eau… Au fil des années, il se lie d'amitié avec Éric Zemmour. Jusqu'à ce qu'au début de l'été 2021, Le Floch lui propose de devenir son coach en économie. Banco, répond le journaliste. Le patron de gauche devient le maître du souverainiste de droite. Le général de Gaulle lui-même avait demandé à un célèbre sociétaire de la Comédie-Française, Jean Yonnel, de lui donner des cours de diction. Cet acteur, interprète jadis de Ruy Blas, était un admirateur du général.

Éric Zemmour adore la politique. Il en connaît les codes. Les chausse-trappes. Le monde politique, il le côtoie depuis trente ans. À l'inverse, le monde économique, il s'en est toujours éloigné. Quand il est de bonne humeur, il confesse volontiers avoir été perdu lorsqu'il évoquait l'euro ou Schengen. Sur la fiscalité, il flotte. Quel est l'impôt le plus juste ? L'impôt sur les sociétés doit-il être baissé ? Est-ce que la hausse du salaire minimum interprofessionnel de croissance (Smic) permet l'augmentation du niveau de vie de la population ? Quid de la retraite ? 65 ou 60 ans ? Le protectionnisme est-il compatible avec le libre-échange ? Un credo guide Zemmour : l'hostilité à l'Europe, à l'Union européenne, qui a broyé la souveraineté de la France.

Il veut apprendre, l'élève Zemmour. Il est capable de se remettre en question. Chaque semaine, au moins, le maître, Le Floch, se déplace au domicile de son élève pour lui fournir des fiches. À l'inverse de Marine Le Pen, le candidat n'est pas allergique aux grands patrons. Au contraire. Aussi, pour cette raison, a-t-il noué des contacts étroits avec Henri de Castries, le patron d'Axa, qui sera en 2017 l'un des artisans du programme économique de François Fillon. Henri de Castries est également président de l'Institut Montaigne, think tank de grande qualité qui fournit des études sur tous les sujets. Que ce soit sur le travail des fonctionnaires, l'indemnisation du chômage, les allocations familiales, etc. Même si le conseil d'administration est composé à moitié de personnalités de droite, à moitié de personnalités de gauche, l'Institut s'est vu reproché, en 2012, de rouler pour Nicolas Sarkozy. En 2017, alors qu'il est dirigé depuis six ans par Laurent Bigorgne, il est supposé soutenir le candidat Macron. Un soutien toujours d'actualité en 2021. C'est à ce moment qu'Éric Zemmour prend ses distances avec l'Institut. En cause : l'étude du think tank sur les musulmans de France. Cette dernière met l'accent sur une demande d'intégration de la communauté musulmane et la grande différence qui existe entre l'Islam et l'islamisme. Une vision aux antipodes de celle d'Éric Zemmour.

Cette parenthèse fermée, revenons à l'économie. Il y a encore peu, Marine Le Pen, Éric Zemmour et l'extrême droite ne voulaient pas entendre parler de l'euro. Cette monnaie était non seulement le symbole de l'abaissement de souveraineté de l'Europe, mais elle favorisait les intérêts de l'Allemagne d'Angela Merkel que Zemmour n'apprécie guère. Le voilà soulagé, puisque « Mutti » s'est éloignée définitivement de la scène politique allemande.

Sur les accords de Schengen, il demeure catégorique : c'est une folie. À cause de l'afflux d'immigrés, avec ou sans papiers, qui peuvent se balader dans toute l'Europe. Nous n'avons même pas les moyens de les contrôler… Jusqu'au jour, aime-t-il répéter, où un « zigoto » dangereux, que personne n'aura vu venir, commet un attentat, comme à la basilique Notre-Dame-de-l'Assomption à Nice, le 29 octobre 2020. L'assaillant tuera trois personnes.

Pour Zemmour, tout est lié : immigration rime avec crise économique, mais rime aussi avec délinquance. Immigration rime avec chômage et fraude aux prestations sociales. Priorité nationale rime avec travail fourni aux nationaux. *Idem* pour les PME : elles doivent d'abord bénéficier des marchés de l'Hexagone. Non à la mondialisation malheureuse, c'est son cri de guerre.

Sur la question sociale, le candidat reste muet. Sur les relations avec les syndicats, il ne dit rien. Tout au plus qu'elles ne servent à rien – 7 à 8 % des salariés sont syndiqués. Sur la jeunesse, on ne l'entend guère. Sur la politique culturelle son indigence est affligeante. Là encore, il ne dit rien. Lui, le gaulliste – il ne cesse de clamer son admiration pour le grand homme –, ne fait jamais référence à André Malraux, créateur des Maisons de la Culture qui seront une véritable révolution. Sait-il que, dans les années 1960, sous le gaullisme triomphant, bon nombre d'élèves du secondaire fréquentaient le jeudi après-midi les théâtres où l'on jouait indifféremment Sartre, Molière, Marivaux, Giraudoux ou René de Obaldia ? Il était là le peuple, dont se gargarise Éric Zemmour.

Aujourd'hui, la France est malade. Broyée par un communautarisme exacerbé. La jeunesse est paumée. Elle ne rit pas. Elle préfère tapoter, à longueur de temps, sur ses smartphones qui lui offrent des programmes abominables. La France est déglinguée.

Au début de l'été 2021, le pays a été submergé par des dizaines d'agressions, sans mobile apparent. Des jeunes de

14-15 ans s'affrontent, à coups de couteau, pour un oui ou un non. Les Français, déjà éprouvés par les ravages physiques et psychologiques causés par la pandémie, ont peur. Certains de nos compatriotes n'ont pas travaillé pendant un an, voire plus. Les politiques sont démonétisés. On ne les croit plus. Les polémiques, pour des motifs parfois ridicules, se multiplient. La République apaisée semble être un objectif inatteignable. Certes, ce n'est pas la première fois que la France connaît des moments difficiles : l'après-guerre, la crise du logement, les attentats lors de la guerre d'Algérie signés par l'Organisation de l'armée secrète (OAS), mais aussi les exactions du FLN, la fin de la IVe République. À l'époque, le chômage était inexistant. Qui s'en souvient ? Entre 1945 et 1962, le pays comptait, bon an mal an, 200 000 chômeurs. Leur nombre est monté à 400 000, de 1963 à 1964. Ce qui était encore acceptable. À partir des années 1980, le chiffre atteignait 2 millions. Depuis 2015, il s'est stabilisé autour de 3 500 000, avec de temps à autre des baisses de 60 000 suivies de remontées de 70 000, puis, à nouveau, des baisses de 50 000.

Éric Zemmour, au cours de cette campagne, désire montrer la réalité de ses progrès en économie. Ses proches, notamment Loïk Le Floch-Prigent, lui organisent des rencontres, où il participe à des débats avec ce qu'on appelle les futures forces vives du pays, les étudiants. Le coup d'envoi est donné à la faculté de droit de Montpellier. Il a lieu un vendredi soir du mois de mars 2022 dans le grand amphithéâtre. Cette faculté a la réputation d'être conservatrice. Plutôt rétive aux options économiques de la gauche, mais pas excitée du côté droit. Le candidat est accompagné de l'ancien président d'Elf, pour un jeu traditionnel des questions-réponses. Il est 19 h 30. Accueil par l'un des vice-présidents de l'université. Environ trois cents étudiants sont présents, ainsi qu'une poignée de journalistes dont le représentant du *Midi libre*, le journal local, et le correspondant régional de l'AFP. Par prudence, deux vigiles sont présents, au cas où se produiraient quelques incidents. Le débat commence. Il est animé par un étudiant en master, chaque étudiant qui le souhaite pose les questions. Extraits :

Q : Allez-vous rétablir l'impôt de solidarité sur la fortune (ISF) ? (Éclat de rire.)

R : *On me pose toujours cette question, depuis que je me balade un peu en France. Je vais vous répondre franchement/ ma réponse est non. Pour trois raisons principales. 1 – Cet impôt ne rapporte pas grand-chose, 4 milliards d'euros, ce qui est peu. 2 – Il favorise la fuite des capitaux et la fraude fiscale. C'est le serpent qui se mord la queue. 3 – Pour les entreprises, cet impôt est catastrophique, il empêche les entreprises d'investir. Je le reconnais aisément, cet impôt est un symbole, un totem de la gauche sous les années Mitterrand. Est-ce que les Français, même les moins aisés, ont bénéficié de retombées grâce à l'ISF qui devait être un impôt de partage ? Je ne le crois pas. Je voudrais préciser que dans bon nombre de pays d'Europe, l'impôt sur le patrimoine a été supprimé. C'est le cas du Danemark, de la Finlande, de la Suède, de l'Allemagne, notamment.*

Q : Vous revendiquez une fibre sociale, pourquoi voulez-vous supprimer l'AME qui répond à une volonté de générosité ?

R : *Générosité, oui, mais à condition que celui qui en profite ne soit pas dans l'illégalité. Or, les 320 000 personnes qui bénéficient de l'AME sont des clandestins, entrés illégalement sur le territoire français. Il n'y a aucune raison pour qu'une aide quelconque leur soit accordée (légers murmures dans l'amphi). Désormais, il y aura une règle : la solidarité nationale comme son nom l'indique ne bénéficiera qu'aux Français.*

Les allocations familiales, le revenu de solidarité active (RSA) ne seront plus versés aux étrangers.

Q : Quel est l'âge idéal pour partir en retraite ?

R : *Pour moi, le bon âge est de 64 ans. Je suis évidemment en opposition totale avec les syndicats qui proposent 60 ans. C'est aussi la proposition de Marine Le Pen. Je suis en désaccord total avec elle, comme avec la gauche qui propose également 60 ans. Un mot sur les entreprises qui mettent à la retraite des employés, des cadres qui ont 56, 57 ou 58 ans. C'est évidemment beaucoup trop tôt, surtout à un moment ou l'espérance de vie augmente. Je crois qu'elle est aujourd'hui de 78 ans pour les hommes et 82 pour les femmes.*

Q : Certes. Mais comment allez-vous la financer ?

R : *Attendez que nous soyons élus. Je vous donnerai tous les détails. Ce que je peux vous dire, c'est qu'avec la suppression de l'AME ou des allocations familiales pour les étrangers, nous aurons pas mal de liquidités.*

Q : Pour lutter contre le chômage, quelles mesures préconisez-vous ?

R : *Des tas de choses, mais en premier lieu l'embauche doit se faire selon le critère de la préférence nationale. En clair, nous pensons que les PME doivent réserver les emplois à nos nationaux, et non pas aux ressortissants d'États étrangers. Sauf si nous avons conclu des accords bilatéraux avec leurs gouvernements. Évidemment, nous ne devons pas perdre de vue que nous devons encourager le patriotisme économique et passer en priorité des marchés avec les PME.*

Q : Pour la fiscalité des PME, que prévoyez-vous ?

R : *Un effort important va être fait. Nous proposerons au Parlement de réduire considérablement le taux d'impôt sur les sociétés. Pour les très petites entreprises (TPE), ce taux passera à 15 %. Pour les entreprises moyennes, il passera à 25 % alors qu'il se situe actuellement à 33 %. Il s'agit là d'un progrès qui devrait permettre aux TPE et PME d'embaucher et donc de participer à ce fléau qu'est le chômage qu'aucun gouvernement de droite ou de gauche n'a réussi à juguler.*

Q : Que comptez-vous faire pour que l'économie redémarre ?

R : *Nous devons avoir une politique volontariste et mettre toute notre énergie pour réindustrialiser la France. Nous avons trop longtemps mis le paquet sur les services. C'est une erreur. Peut-être pourrions-nous créer un grand ministère de l'Industrie sur le modèle japonais. Nous n'avons plus de grands projets comme dans les années 1960-1970. Souvenez-vous du Train à grande vitesse (TGV), l'une des plus belles réussites françaises. Souvenons-nous du pont de Tancarville. De la construction du paquebot* France. *Le monde entier en parlait. Oui, nous devons susciter envie et même, j'ose le dire, jalousie de la part des autres pays. Ce n'est pas avec les éoliennes que nous y parviendrons.*

Q : Allez-vous supprimer le monopole syndical lors des élections professionnelles ?

R : *Sans aucun doute. Depuis des lustres, on l'annonce. Les syndicats ne représentent qu'à peine 4 à 5 % de l'ensemble des salariés. Chez nous, ils ne sont qu'une force de contestation, appelant souvent à la grève, mais jamais ou rarement une force de construction ou de dialogue. À l'inverse de ce qui se passe en Allemagne.*

Q : Une dernière question, M. Zemmour, avant que vous nous quittiez : vous avez à plusieurs reprises critiqué ces technocrates qui nous dirigent. Aujourd'hui vous travaillez avec deux d'entre eux. N'y a-t-il pas là un paradoxe ?

R : *Effectivement j'ai deux anciens grands patrons qui m'entourent et me prodiguent leurs conseils. Le premier, Henri de Castries, énarque, président d'Axa, prototype du haut fonctionnaire à la française. Aujourd'hui, il est dans le privé. Le second, ancien de l'Institut polytechnique de Grenoble, m'aide également. C'est Loik Le Floch-Prigent, ancien patron de*

Rhône-Poulenc, d'Elf, de la SNCF. Devrais-je me passer de leur expérience ? Évidemment non.

Nous arrivons à la fin de la séance des questions-réponses. Le Floch et son élève quittent les lieux.

— Je n'ai pas dit trop de bêtises ? interroge le candidat. Tu as vu, je n'ai cafouillé à aucun moment.

— Ce que je regrette, c'est que nous n'ayons pas parlé des fichés S, de la lutte contre la délinquance des mineurs, celle des étrangers, rarement expulsés, de l'abaissement de la majorité pénale, des peines infligées aux assassins de policiers, quand ils sont arrêtés, de l'exécution des peines, de la lutte contre l'immigration, du referendum…

— Ne t'inquiète pas, un débat est prévu, pour vendredi prochain, à Sciences Po Lyon, précise Le Floch. Et d'ajouter : là, ça ne sera pas comme ce soir, avec des étudiants qui pensent « bien ».

En 2017, un bureau de vote fictif installé à Sciences Po Lyon donnait les résultats suivants de la présidentielle : 37 % pour Jean-Luc Mélenchon, 25 pour Benoît Hamon, 16 pour Macron et 4 pour Marine Le Pen. Commentaire de Zemmour : « Je serais intéressé de savoir quel score ferait aujourd'hui Mélenchon ? Sans doute 8 ou 9. Quant à Hamon, je suis tranquille, il retomberait à 4 ou 5 ! Allez, courage ! Haut les cœurs. »

Sept jours plus tard, 19 h 30. Cette fois à Sciences Po Lyon. Ambiance différente. À l'entrée, une douzaine de policiers sont présents. En effet, *Le Progrès* a annoncé le matin la venue du candidat. Quelques groupuscules épars, dans l'après-midi, ont scandé « Zemmour-Pétain même combat », « Non à la dictature »… On a même entendu des « dégage » ou « Va voir Gollnisch, il t'attend ! » (ancien rival de Marine Le Pen au FN, il a été professeur à Lyon III). Pas la peine d'être un fin limier pour deviner d'où viennent ces cris ! Cherchez du côté de la France insoumise, du PS et des écologistes supporters du nouveau maire de Lyon.

Arrivé devant Science Po, où il est accueilli par le président de l'association des élèves, le candidat part en direction de l'amphithéâtre Lucie-et-Raymond-Aubrac. Cette fois, c'est un barrage d'une cinquantaine d'étudiants qui l'empêche de pénétrer. Une pancarte sur laquelle on lit « M. Zemmour vous n'êtes pas le bienvenu. » On parlemente. « Pourquoi m'interdire l'entrée ? » interroge-t-il. Un étudiant l'interpelle : « M. Zemmour vous ne pouvez pas entrer dans une enceinte chargée de symboles avec le nom qu'elle porte : ceux de deux figures de la Résistance. Vous n'avez rien à voir avec elles. Vous êtes étranger aux valeurs des Aubrac. »

« Pourquoi cette exclusion ? Vous m'accusez de quoi ? D'avoir collaboré avec les Allemands ? réplique Zemmour. Je suis né en 1958. Comment aurai-je pu commettre ou être complice d'actes abjects ? Je vous le dis comme je le pense, vous ne vous comportez pas comme des démocrates. L'idéologie totalitaire, nazie, est à des années-lumière de mes conceptions philosophiques, ajoute-t-il avant de lâcher : y aurait-il des antisémites parmi vous ? »

La conversation se tend au fil des minutes. Le spectre de l'annulation de la conférence du candidat à la présidence de la République se profile. Au bout de vingt minutes de conciliabules, Zemmour abandonne la partie.

Pendant ce temps, à 500 km de là, à Bordeaux, longtemps terre juppéiste, porteuse d'un regard bienveillant sur la stratégie macroniste du « en même temps », le président sortant tient un meeting au palais des Expositions. Malgré la crise sanitaire qui connaît quelques sursauts, un peu plus de 5 000 à 6 000 personnes sont venues. Au premier rang des invités, des ministres tels Jean-Yves Le Drian, Bruno

Le Maire, Marlène Schiappa, Gabriel Attal. Une surprise, ou plutôt deux : Édouard Philippe est venu spécialement du Havre avec son double – enfin presque – Gilles Boyer, député européen. Quelques célébrités du monde du spectacle ont fait le déplacement : Pierre Arditi, Patrick Bruel, Dany Boon, Bernard Murat. On ne rigole plus, il faut faire barrage à l'extrême droite.

Est-ce le retour des grands meetings version 2017 ? Du lyrisme retrouvé de l'ancien ministre de l'Économie de François Hollande ? Manches retroussées, micro en main, déambulant sur la scène, l'acteur Macron renaît. Il revient sur son action menée pendant cinq ans : « Oui, la France a changé. Les réformes ont été menées à leur terme. La crise sanitaire est en voie d'être vaincue. Le chômage a baissé. La France des jours heureux est de retour. Les impôts n'ont pas augmenté. Nous sommes prêts pour un nouveau chemin : celui qui mène à la réforme des institutions, l'instauration de la proportionnelle, une diminution du nombre des parlementaires. »

Le nouveau Macron est arrivé. Presque humble. Proche des gens. A-t-il reconquis les brebis de gauche égarées qui reviennent au bercail du « en même temps » ? Les militants et sympathisants le croient dur comme fer.

Fin du meeting. Une *Marseillaise* entonnée avec conviction, et on se le dit : Macron sera encore à l'Élysée en mai. Seulement voilà, ce président mérite bien le surnom de « Président pas de chance ». Un grain de sable, évènement imprévu, vient troubler la quiétude apparemment retrouvée de la galaxie macronienne…

Dans la soirée, vers 23 heures, BFM TV et CNews, toujours aux premières loges pour les faits divers, nous apprennent qu'à Étampes, dans l'Essonne, des affrontements violents ont eu lieu entre des jeunes et la police à la suite de l'interpellation musclée d'un dealer. Un policier, la tête en sang, a été conduit à l'hôpital d'Étampes. Le dealer semble amoché. D'après CNews, il serait tombé lourdement lors de son arrestation. Non loin de là, à en juger par l'épaisse fumée qui s'échappe, visible dans toute la ville, c'est l'école maternelle privée Jeanne-d'Arc qui brûle. Il s'agirait d'un incendie volontaire. Les pompiers en donneront confirmation les jours qui suivront. Ce n'est pas tout : vers 3 heures du matin, quatre hommes cagoulés, vêtus de noir, ont pénétré dans le parc du château de Versailles, se sont dirigés vers La Lanterne, lieu de villégiature du président de la République, et ont procédé à des tirs de mortiers utilisés pour les feux d'artifice. Les gendarmes en fonction n'ont rien vu venir. Une fois encore, les services de sécurité de la présidence sont pris en défaut. Macron ne décolère pas. Trois boulettes en une soirée. Il appelle Gérald Darmanin et lui réclame pour le lendemain matin un rapport. C'est trop. L'opinion en a assez. On croyait que le président sortant avait remonté la pente à Bordeaux. Puissances trompeuses. Le match Macron-Zemmour s'annonce serré. Au-delà de ce qu'on imaginait.

Le lendemain, *Le Progrès* de Lyon consacre un long article à l'interdiction faite à Éric Zemmour d'intervenir à Sciences Po Lyon, ainsi qu'aux incidents ayant éclaté dans la nuit. Extraits : « Que se passe-t-il dans le pays ? Certains ont-ils perdu la tête ? Le débat n'est-il plus possible, même à l'Université ? Vendredi, M. Zemmour devait intervenir à Sciences Po sur des thèmes régaliens. Tout avait été organisé avec le bureau des élèves. Sciences Po Lyon, ce n'est pas une nouveauté, est réputé pour avoir une fibre gauchiste affirmée. M. Zemmour en a fait les frais. Nos lecteurs le savent, notre journal n'a jamais partagé ses idées, sa conception du pouvoir, mais il est candidat à la présidence de la République. Les citoyens, s'ils le désirent, doivent pouvoir débattre librement avec lui. Hier, des troubles ont encore éclaté, visant la villégiature du président. Une école a brûlé à Étampes. C'est, hélas ! de plus en plus fréquent. Les écoles, les lycées, les facultés ne sont plus des sanctuaires de tolérance. Ceux qui sèment le désordre et la peur seront responsables de la mort de la démocratie. »

CHAPITRE 7

ZEMMOUR LE RUSSOPHILE

Quelle sera la politique étrangère de la France si Éric Zemmour entre à l'Élysée ? Lorgnera-t-il du côté de Vladimir Poutine en négligeant Joe Biden, dont le crédit s'est effondré fin août 2021 avec la débâcle des troupes américaines en Afghanistan ? « J'ai beaucoup d'admiration pour Poutine », répète Éric Zemmour. Quelle sera sa politique africaine ? Quelle sera sa position sur le conflit israélo-arabe ?

Charles de Gaulle-Éric Zemmour. La comparaison est difficile à soutenir. Indécente. Lorsqu'il parle de sécurité, de lutte contre le terrorisme, d'immigration ou d'islamisme, le candidat peut parvenir à convaincre les sceptiques. Sur la politique étrangère, c'est une autre paire de manches !

Au cours de sa campagne, il l'a dit et redit : il se coulera dans les pas du premier président de la Ve République. Il continuera à avoir une politique qui se situera à égale distance des États-Unis et de la Russie. Sur le Moyen-Orient, il pense que le dictateur de la Syrie, Bachar el-Assad, constitue le seul rempart contre le terrorisme islamiste.

Concernant les chrétiens d'Orient qui habitent depuis des siècles en Irak et en Syrie, la France fera tout pour qu'ils puissent revivre en paix. C'est, chez l'ancien journaliste du *Figaro*, une obsession. Une question de survie de la civilisation judéo-chrétienne. C'est pour cette raison qu'il s'est rendu, fin 2021, en Arménie, accompagné de Philippe de Villiers. Au cours d'une conversation à bâtons rompus, Éric Zemmour aurait évoqué une intervention de notre armée. Patatras ! Quelques phrases ont fuité dans la presse. Jusqu'au Vatican !

Le pape François a réagi, depuis Rome, par l'intermédiaire de son porte-parole qui a lu le communiqué suivant à Radio Vatican : « L'état du monde ne connaît pas une seconde de répit depuis plusieurs années. La planète connaît partout des soubresauts. Des centaines de milliers de fidèles ne parviennent pas à pratiquer leur religion dans la paix. En Afrique, 1 chrétien sur 6 est persécuté. En Asie, 2 sur 5. En 2020, 4761 chrétiens ont été tués, et 4271 ont été emprisonnés. » M. Zemmour aime fanfaronner. Adoptera-t-il cette stratégie une fois à l'Élysée ? Pas sûr.

Puisque nous en sommes aux hypothèses sur l'action diplomatique que la France mènera dans les prochains mois, arrêtons-nous un instant sur les rapports que Paris entretiendra avec le Brésil et son président Jair Bolsonaro. Ils seront plus que cordiaux. Amicaux. Le nouveau chef de l'État aime ce genre de leader, viril, un peu grande gueule, qui a conservé ses racines militaires. Jair Bolsonaro est un ancien capitaine de l'armée. Dès son élection en octobre 2018 à la présidence du Brésil, Éric Zemmour, qui n'était pas encore candidat à l'Élysée, lui adresse ses félicitations, tout comme Donald Trump... Il avait clamé haut et fort que c'était le seul politique à pouvoir éradiquer la corruption dans cet immense pays, si compliqué à gouverner. Il s'était bien gardé de dire un mot sur les propos insultants du nouveau maître du Brésil à l'égard d'Emmanuel Macron et de son épouse Brigitte.

Plus de trois ans ont passé. Bolsonaro n'a pas oublié la délicatesse de l'ancien journaliste. Aussi, quelques jours avant le premier tour de l'élection française, il l'invite à venir lui rendre visite le 7 septembre 2022. Une marque d'honneur. C'est le jour de la fête nationale. Éric Zemmour s'est dit enchanté de découvrir Brasilia, la ville construite par le célèbre architecte Oscar Niemeyer. Enchanté de voir le Pain de Sucre qui surplombe Rio de Janeiro. Enchanté de découvrir la plage de Copacabana. Peut-être aussi ira-t-il assister à la grand-messe qu'est un match de foot au Maracanã, stade mythique qui peut accueillir 80 000 spectateurs. Éric Zemmour sera donc au Brésil le 7 septembre. Il joindra l'utile à l'agréable : en effet, la France signera un accord d'assistance avec le Brésil pour éradiquer la pandémie qui a causé, en deux ans, la mort de 500 000 personnes… À cause d'une politique vaccinale plus que déficiente. Zemmour n'ignore pas que le président brésilien, sur le sujet, a été scandaleusement absent. S'il est élu bien sûr, il évoquera le sujet en tête à tête avec Jair Bolsonaro. En contrepartie de cette assistance, une cinquantaine de jeunes Français suivront un stage de foot d'un mois, pendant les vacances scolaires, sous la houlette des stars brésiliennes. L'accord est conclu pour trois ans.

Avec la Russie, ce devrait être la lune de miel. En somme, le retour de l'amitié franco-russe du début du XXe siècle. Étrange. Cette russophilie est très en vogue dans les milieux d'extrême droite. Ainsi, Marion Maréchal, à en croire *Le Canard enchaîné*, multiplie depuis 2016 les allers et retours entre Paris et Moscou. Le 9 mai, date de la victoire de l'Union des républiques socialistes soviétiques (URSS) contre l'Allemagne, l'ancienne députée du Vaucluse a assisté au défilé de 12 000 militaires de l'armée russe, en uniforme d'apparat, des centimètres de médailles sur la poitrine, pour fêter la victoire des alliés sur l'Allemagne nazie. Marine Le Pen, qui a appris l'escapade russe de sa nièce, aurait piqué une grosse colère. On a l'esprit de famille dans la maison Le Pen, mais il y a des limites à ne pas dépasser ! Que l'ambitieuse Marion se le dise : la Russie est la chasse gardée de sa tante. Le candidat Zemmour était ravi, paraît-il, de voir Marine perdre son sang-froid et réagir de façon si puérile pour une chose qui n'en valait pas la peine.

Éric Zemmour a une passion pour la Russie. Aussi bien celle du temps des Romanov que celle de la Révolution de 1917. Les auteurs russes le passionnent. Dostoïevski, Soljenitsyne, Pasternak le fascinent depuis son adolescence. Écoutons ce qu'il déclare à propos de la Russie : « Je reconnais que j'ai un tropisme prorusse. Je pense que c'est un allié qui serait le plus fiable, plus que les Américains, plus que les Allemands, plus que les Anglais. Je suis comme le général de Gaulle, pour l'Europe, de Brest à Vladivostok. »

Dans le domaine économique, d'importants accords devraient être négociés avec Moscou dans les jours qui suivront l'élection présidentielle. La construction d'un grand complexe scientifique pour une fabrication franco-russe du vaccin Spoutnik contre la Covid est envisagée.

Nous pouvons le révéler, c'est un scoop : Éric Zemmour a, d'ores et déjà, fait savoir à l'ambassadeur de Russie à Paris que Poutine serait le bienvenu au traditionnel défilé du 14 juillet 2022 sur les Champs-Élysées. Ce qui marquerait l'attachement de la France à la Russie. Macron avait, lui aussi, souhaité nouer un dialogue avec Poutine, tout en n'oubliant pas de lui rappeler que lors de la campagne de 2017, de bien curieux journalistes, de Russia Today – chaîne de télévision proche de Poutine –, avaient tenté d'influer sur l'élection française.

Avec Zemmour, rien de tel. C'est une franche camaraderie. Jusqu'au jour où… Les deux pays sont sur un nuage. À preuve, cette sculpture en bronze, représentant la ville sainte de Zagorsk, située à 70 km de Moscou, que Poutine offrira le 31 août 2022 au président français pour son anniversaire.

La Russie sera, sans nul doute, un des piliers de la politique étrangère de Zemmour qui pourra compter sur l'aide d'un Thierry Mariani, comme un poisson dans l'eau à Moscou. Ce dernier connaît pratiquement tous les hauts cadres du Kremlin. Le nouveau président – s'il recueille la majorité des suffrages des électeurs – se trouve dans une position plus confortable que son prédécesseur, ne serait-ce que pour les raisons développées plus haut. Encore faut-il qu'il ne fasse pas table rase des différentes décisions de l'Union européenne. Comme l'exclusion de la Russie du G8 et la condamnation de l'annexion de la Crimée en 2014 par Moscou. Le président français devra jouer serré, car il existe quelques sujets sensibles sur lesquels Moscou est très chatouilleux. On en dénombre deux. Essentiels. 1 – Le cas Erdogan. Poutine apprécie le président turc, tandis qu'Éric Zemmour n'éprouve que de l'aversion pour lui. Il ne se prive pas de le traiter de « dictateur ». 2 – Le cas de l'Afrique. Sur ce continent, notamment en Afrique subsaharienne, les militaires français trouvent souvent sur leur chemin des mercenaires, les commandos de Wagner, directement téléguidés depuis Moscou. Ce que dément Moscou, et qui, à son tour, est démenti… par le chef d'état-major des armées d'Emmanuel Macron, le général François Lecointre, qui a quitté son poste le 14 juillet 2021, remplacé par le général Thierry Burkhard.

Dans l'ensemble, les relations avec les anciens pays colonisés du continent noir devraient rester identiques à celles existant depuis soixante ans. Bref, la Françafrique a encore de beaux jours devant elle. Encore qu'un *casus belli* n'est pas à exclure sur l'immigration. Éric Zemmour, poussé par ses conseillers, devrait exiger de certains pays – notamment le Mali –, surtout depuis le coup d'État et la fin de l'opération Barkhane, qu'ils signent des accords visant à accepter de recevoir sur leur sol tout ressortissant de ces pays qui aurait été expulsé par la France. Avec l'Algérie, sa stratégie sera claire : pas question pour elle de faire sienne la formule d'Emmanuel Macron qui avait vu dans la « colonisation un crime contre l'humanité ». Pas davantage question de repentance sur l'Algérie. Les plaies sont encore béantes entre, d'une part, les pieds noirs, les harkis et, de l'autre, les autorités algériennes. Sur le sujet, Jean-Yves Le Gallou, le ministre de la Culture, ne manifeste pas un enthousiasme débordant sur le Musée national de l'histoire de l'immigration installé au palais de la Porte-Dorée à Paris, qui abritait l'ancien musée des Colonies. D'accord pour parler de l'immigration, mais à condition de mettre sur pied, en guise de réciprocité, un musée du Maghreb destiné à reconnaître l'immense œuvre accomplie par les pieds noirs et la France dans le domaine économique, sanitaire, éducatif, etc.

Avec les États-Unis, allié historique de la France, les relations qui ont traversé des hauts et des bas depuis 1945 seront empreintes de neutralité… pas forcément bienveillantes. Il est clair que l'extrême droite qui faisait les yeux doux à Donald Trump aurait préféré qu'il se succède à lui-même plutôt que de voir à la Maison Blanche le démocrate Joe Biden, largement démonétisé depuis sa gestion de l'affaire afghane.

L'extrême droite n'a jamais apprécié l'Amérique, apôtre, selon elle, du capitalisme sauvage, de l'argent facile, du matérialisme, de l'individualisme forcené, qui aspire depuis des lustres à régner sur le monde. La politique étrangère du général de Gaulle sera poursuivie. C'est pure démagogie. D'ailleurs, comme l'analyse Pascal Boniface, directeur de l'Institut de relations internationales et stratégiques (Iris), il serait faux de réduire la politique étrangère du général à une alliance avec l'URSS et une opposition aux États-Unis (voir éditorial du 5 mai 2017 dans la revue de l'Iris).

On l'oublie : le général de Gaulle, à chaque fois qu'une crise grave a menacé la paix, a soutenu les États-Unis, que ce soit lors de la construction du mur de Berlin, en 1961, ou la crise de Cuba, en 1962. Le gaullisme, comme l'écrit Pascal Boniface, « ne correspond ni au repli sur soi, ni à la fermeture des frontières et à l'isolement international. Au contraire. De Gaulle était partisan d'alliance tous azimuts, notamment avec le tiers-monde. Il a mis fin à la guerre d'Algérie et reconnu la Chine communiste en 1964. » Quelques mots sur un dossier ultrasensible : le conflit israélo-palestinien. Jean-Marie Le Pen, lors de la fondation du Front national, manifestait une sympathie évidente pour les Palestiniens, tout comme les militants du parti. Zemmour, lui, a bien compris que le conflit israélo-arabe est exporté en France et qu'une grande partie de la communauté musulmane lui refuse ses suffrages puisque cette dernière soutient la cause palestinienne. Aussi, le candidat marque-t-il ses préférences pour Israël en espérant que les électeurs juifs de France ne l'oublieront pas le moment venu.

La politique étrangère constitue le talon d'Achille du candidat. Les diplomates, dans leur grande majorité, n'éprouvent guère d'enthousiasme à servir un régime qui vit en vase clos, qui n'aura pas son Villepin pour prononcer des discours flamboyants à l'Organisation des Nations unies (ONU). On peut toujours s'améliorer. C'est certain. Éric Zemmour a une chance : jamais, en France, un président de la République n'a été élu sur sa vision de la politique étrangère.

CHAPITRE 8

TROISIÈME TOUR

En Espagne et en Allemagne, pays dirigés par des sociaux-démocrates, on n'apprécie guère la victoire d'Éric Zemmour. À l'inverse de la Hongrie, de l'Autriche, de la Pologne ou du Brésil. Poutine félicite chaleureusement le président français. Joe Biden, le président des États-Unis, envoie un message poli, soulignant l'amitié ancienne qui unit son pays et la France. En réalité, le service minimum. À Paris, la passation de pouvoir entre ministres se déroule dans une ambiance polaire.

La victoire d'Éric Zemmour est commentée dans le monde entier. Dans l'ensemble, elle est analysée en creux, par rapport à celle d'Emmanuel Macron. En Europe, l'Allemagne et l'Espagne font partie des pays qui montrent peu d'empressement à travailler avec le président français. Olaf Scholz, le nouveau chancelier d'Allemagne, à la tête d'une coalition social-démocrate, écologiste et libérale, qui vient de succéder à Angela Merkel, écrit dans un communiqué transmis à l'AFP : « Si la France a changé de président, cela ne doit pas nous empêcher de poursuivre les bonnes relations entre nos deux pays telles qu'elles existent depuis 1963 avec le traité signé entre Konrad Adenauer et le général de Gaulle ». Et d'ajouter : « Malgré les divergences qui sont apparues avec le président Macron, nos deux pays ont développé une collaboration franche et de qualité. » En Europe centrale, le ton est différent. Viktor Orban adresse le message de félicitations suivant : « Tous nos vœux de réussite pour votre mandat, monsieur le président. J'ai été très heureux de vous rencontrer, en septembre 2021 à Budapest lors du sommet international de la démographie. Vive l'amitié franco-hongroise. À bientôt de vous rencontrer à Budapest ou à Paris. »

L'ex-chancelier d'Autriche, Sebastian Kurz, démissionnaire en octobre 2021, pour cause de soupçon de corruption, pourtant retiré de la vie politique, envoie un message de félicitations à Éric Zemmour. Le président turc Erdogan n'est pas non plus avare de compliments. Voici le message que celui-ci adresse à son homologue français : « Monsieur le président, je vous félicite pour votre élection à la tête de l'État français. Nous avons tant de convergences, notamment dans la lutte à mener contre le terrorisme et Daech, que les relations entre nos deux pays, perturbées ces deux dernières années, devraient connaître un nouvel élan. Je vous souhaite toute la réussite possible dans vos nouvelles fonctions. » Pour être sincère, M. Zemmour se serait passé du message du président turc. Il se souvient que, le 3 octobre 2015, Erdogan était venu à Strasbourg pour sa propre campagne électorale, et avait exigé que dans la salle du Zénith hommes et femmes soient séparés. Ce meeting, officiellement destiné à sensibiliser les Turcs dans la lutte contre le terrorisme, avait mobilisé douze à quinze mille personnes.

Question chaleur et empathie, Vladimir Poutine se trouve en pole position. Il tutoie le président et lui adresse ce message rédigé en français : « Cher Éric, je te félicite pour ton élection. Je crois que nos deux pays pourront amplifier leur collaboration et que nous allons œuvrer pour la paix dans le monde. D'ores et déjà je t'invite à Moscou quand tu le désires. » Signé : Vladimir.

Le roi du Maroc, Mohamed VI, envoie un message aimable au nouveau chef de l'État français : « Monsieur le président, je suis heureux, et le peuple marocain avec moi, de votre élection à la présidence de la République française. J'espère que nous développerons les relations économiques entre nos deux pays et que nous aurons le plaisir de vous accueillir prochainement. » Le roi se garde bien de dire quoi que ce soit sur la délivrance des visas en très nette diminution pour les ressortissants marocains…

Avec l'Algérie, rien. Macron avait donné le *la* avec « la rente mémorielle ». Alger n'envoie aucun message au président français.

La république populaire de Chine n'oublie pas la France… Mais avec trois jours de retard, le président Xi Jinping adresse un message sinon chaleureux, tout du moins poli à son homologue français : « Nous avons appris votre élection, monsieur le président. Nous vous félicitons. Nous espérons que dans la continuation de nos relations nouées en janvier 1964 entre notre peuple et le général de Gaulle, nous poursuivrons notre coopération dans les domaines économiques et environnementaux. » Pas un mot évidemment sur le sujet qui fâche : les atteintes aux droits de l'homme…

En France, on attend les législatives de juin. Peut-être y aura-t-il un rééquilibrage des forces politiques. Dans l'immédiat, la classe politique, excepté le clan Zemmour et celui de Marine Le Pen, est abattue. Sidérée. Elle ne croyait pas qu'un jour, l'extrême droite prendrait le pouvoir dans notre pays. La France n'est pas l'Autriche. Ni l'Italie habituée à tomber dans les bras des populistes. Ni la Hongrie. Dans l'immédiat, quelques personnalités s'expriment à la radio ou dans des tribunes libres de la presse écrite. Bruno Retailleau, le président du groupe LR au Sénat, explique : « La défaite de Macron est liée en grande partie à la gestion de la crise sanitaire et à l'arrogance dont le président sortant ne s'est jamais départi. Il faut reconnaître que, dans le domaine de la lutte contre l'insécurité, qui intéressait l'ensemble de nos compatriotes, nos propositions n'ont pas séduit notre électorat. Nous sommes un parti usé. Il faut le reconstruire. »

À la France insoumise, on fait grise mine. Qu'il est loin le temps où Jean-Luc Mélenchon galvanisait les foules ! Il a commis trop d'erreurs. La séquence de la perquisition au siège de son parti, en octobre 2018, où on le voit éructer face aux policiers et au procureur, a été meurtrière aux yeux de l'opinion. Et puis il y a eu sa participation à la manifestation contre l'islamophobie qui a entraîné un nombre important d'électeurs à se détacher du mouvement. Petit à petit, la popularité de l'ancien ministre de la Formation professionnelle de Jospin s'est étiolée. Le tribun offensif, cultivé, souvent lyrique, nous l'avons souligné plus haut, est devenu l'atrabilaire de la vie politique française !

Au sein d'Europe-Écologie-Les Verts (EELV) où l'on a cru, il y a quelques mois, qu'il faudrait compter avec leur candidat, la déception est cruelle. Il est vrai que certains maires élus en mars 2020 n'ont guère brillé par leurs décisions. Comment ne pas être abasourdi lorsqu'un maire, celui de Lyon, ne veut plus du Tour de France parce que c'est trop polluant ? Incrédule lorsque la maire de Poitiers nous dit que les enfants ne doivent plus rêver aux avions ?

Déconcerté lorsque le maire de Bordeaux affirme haut et fort qu'il ne veut plus du sapin de Noël sur la place de l'Hôtel-de-Ville ?

Emmanuel Macron voulait rénover la vie politique du pays. Il a échoué. Il n'est pas parvenu à mettre sur pied un parti fort, structuré, destiné à être la boîte à idées du pouvoir. S'en est-il préoccupé ? Le pouvoir qu'il a exercé pendant cinq ans était trop vertical. Trop montagnard. Au total, un tableau sombre. Qui révèle des partis tombés dans un coma dont ils auront du mal à sortir. De ces politiques, l'un a beaucoup fait parler de lui. C'est un novice. D'un caractère bougon, ne faisant pas dans la flatterie, maladroit, provocateur, sûr d'avoir raison, il affirme des choses sensées. Le hic, c'est qu'il n'a pas la manière. Cogner toute la journée sur Zemmour et répéter qu'il est fasciste, révisionniste, qu'il a été condamné deux fois pour incitation à la haine raciale, n'est pas la meilleure façon de la combattre. De même, prendre bille en tête la magistrature dès sa prise de fonction place Vendôme était malhabile. L'avocat Dupond-Moretti le prédisait, il y a quelques années : « Si je suis nommé garde des Sceaux, ce sera le bordel. » Il avait vu juste…

Dans une tribune publiée dans *Le Figaro*, Éric Dupond-Moretti, toujours marqué par sa sévère défaite aux régionales en 2021 dans les Hauts-de-France, annonce vouloir poursuivre son combat contre le nouveau Président. « Notre République n'a de sens que si elle est accueillante. Humaniste, sociale, fidèle à la déclaration des droits de l'Homme et du citoyen de 1789. Nous ne voulons pas d'un pays rabougri, replié sur lui-même. Chacun doit avoir sa chance. La méritocratie républicaine doit être réhabilitée. Nous devons prendre en compte les envies de notre jeunesse, comprendre son comportement impatient, turbulent, j'en suis conscient, à cause de la crise de la Covid-19. M. Zemmour a gagné grâce à un programme exclusivement centré sur la sécurité et la haine des musulmans de notre pays. Je devine que derrière cette frénésie, la création d'un Guantánamo à la française aurait ses faveurs. Cette fois-ci dans le climat anxiogène que nous connaissons, les propositions de l'extrême droite en matière de sécurité ont reçu un excellent accueil. Mais, M. Zemmour devrait savoir qu'une politique pénale ne doit pas avoir pour unique objet d'enfermer les gens de 7 à 77 ans. »

Beaucoup espèrent que le balancier ne penchera pas trop à droite. N'est-ce pas trop tard ? L'histoire montre que la cohérence est une vertu française et que les électeurs élisent des députés de la même couleur idéologique que le président de la République nouvellement élu. Attendons les 12 et 19 juin. Pour l'heure, tout s'accélère. Le 3 mai, le lendemain de l'investiture d'Éric Zemmour, Jean Castex, Premier ministre, présente sa démission. Fin de carrière pour l'ancien maire de Prades (Pyrénées-Orientales) qui hésite à être candidat aux législatives. Dans la foulée, sans surprise, Éric Zemmour nomme par décret paru au *JO* le 3 mai Laurent Wauquiez Premier ministre. Ce dernier, qui avait été informé il y a un mois par Zemmour de sa probable promotion à Matignon, a eu le temps de réfléchir. Finalement, il a dit oui. Il avait mis dans la confidence le président des LR, Christian Jacob. Ce dernier, qui a apprécié la démarche de Wauquiez, l'a laissé libre de son choix. Alors estimant être utile à son pays, il a dit oui. On a beaucoup grincé des dents à l'état-major des LR. C'est ainsi : la politique a ses règles, ses coutumes et ses ambitieux…

Arrêtons-nous un instant sur Laurent Wauquiez. Doté d'un léger zézaiement, reconnaissable entre tous, il est bardé de diplômes. Ancien élève de l'École normale supérieure (ENS), premier à l'agrégation d'histoire, major à la sortie de l'ENA (promotion Mandela, 2001) : jamais Matignon n'avait accueilli, à part Laurent Fabius et Alain Juppé, un tel multidiplômé. Âgé aujourd'hui de 46 ans, il entre à l'Assemblée nationale en 2004 en tant que suppléant de Jacques Barrot. À l'époque, Wauquiez est de tendance démocrate-chrétienne, tendance Mouvement républicain populaire (MRP), après avoir été social-démocrate à l'ENS... Galopent les mois et les promotions : successivement porte-parole du gouvernement Fillon en 2007, secrétaire d'État chargé de l'Emploi, ministre des Affaires européennes, et ministre chargé de la Recherche. Le jeune homme grimpe les échelons au sein de son parti, l'UMP, dont il devient secrétaire général, puis vice-président. Il est aussi député et maire du Puy-en-Velay, fonction occupée un temps par sa mère. Qui pourrait dire que le jeune Laurent n'a pas d'ambition ? Il galope... galope... Trop vite ? À l'UMP, il n'a pas que des amis. Son côté je-sais-tout agace. Il s'en moque. La preuve, en 2016, il s'empare de la présidence. Le faux pas aux européennes – le mauvais score du parti – le contraint à démissionner de la présidence du mouvement. On le croit « out » pour longtemps. C'est oublier qu'il a du ressort. Témoin, sa réélection brillante, en juin 2021 à la présidence du conseil régional d'Auvergne-Rhône-Alpes. Wauquiez commence à rêver. Comme Rastignac. À nous deux l'Élysée ?

Ses propositions ? Moins d'État, moins d'assistanat, haro sur le communautarisme et sur ces juges qui libèrent plus vite que leur ombre. Et Wauquiez de le dire haut et fort : les aventuriers, traîtres à la patrie partis faire le djihad en Syrie ou en Irak, doivent être jugés dans ces pays et non en France. Le Premier ministre est sur tous les fronts. Sur l'économie, il prône moins de fonctionnaires, moins de dépense publique. Sur la question sociétale, pas d'ambiguïté : il est contre le mariage gay, contre la PMA, contre la gestation pour autrui (GPA). Serait-il candidat à la présidence de la République en participant à la primaire des LR ? On le pense. Finalement, il déclare forfait. À y regarder de près, ce programme se situe sur la même longueur d'onde que les affirmations d'Éric Zemmour. Voilà pourquoi le président élu lui propose Matignon.

Laurent Wauquiez restera en poste un mois environ, le temps d'organiser les élections législatives, comme le prévoit la Constitution. À leur issue, si la nouvelle majorité présidentielle l'emportait, Laurent Wauquiez démissionnerait et formerait un nouveau gouvernement. Si la majorité était battue, la France entrerait en période de cohabitation, le président désignerait alors un Premier ministre qui n'appartiendrait pas à son camp. Un cas de figure qui s'est répété à trois reprises, en 1986, 1993 et 1997.

Dès le mardi 3 mai, 24 heures après l'investiture d'Eric Zemmour, à partir de 11 heures, on assiste au ballet de voitures qui pénètrent dans l'hôtel Matignon. Anecdote qui fera sourire : un chauffeur véhiculant un ministre potentiel se serait trompé d'adresse. Il se serait rendu à l'Élysée, pensant qu'il s'agissait de Matignon ! L'histoire, dont on ne sait si c'est un canular ou pas, révélée par *Le Canard enchaîné*, exaspère le nouveau Premier ministre. Qui s'épanche sur l'un de ses conseillers : « Si les journalistes commencent à nous prendre pour des benêts, nous allons nous occuper d'eux. Macron n'y est pas parvenu. Nous, nous réussirons. »

Pour l'heure, le Premier ministre a un objectif : choisir ses ministres. Une tâche pas si aisée. En effet, Zemmour ne dispose pas de troupes ou d'élus (parlementaires, conseillers régionaux, maires) sur lesquels il peut compter. Il doit faire son marché parmi les élus du Rassemblement national ou se tourner vers quelques personnalités de la Droite forte de l'UMP de jadis, animée par Wauquiez, qui étaient partants pour une union des droites... Voici quelques personnalités qui rendent visite au Premier ministre. Ainsi, le jeune maire de Chalon-sur-Saône, Gilles Platret, ex-porte-parole de l'UMP sous la présidence de Wauquiez, journaliste de profession, historien de sa belle région, que l'on a beaucoup vu ces derniers temps à la télévision, devrait décrocher un poste enviable. On parle de lui pour la place Beauvau. Édile depuis 2014, Platret s'était illustré, en 2015, en imposant le menu unique dans les cantines, ce qui allait à l'encontre de la philosophie de son prédécesseur, Dominique Perben. Lequel avait instauré des menus de substitution pour les écoliers musulmans. L'initiative de Gilles Platret a fait des vagues. Il n'a pas cédé.

Aujourd'hui, il est en phase totale tant avec le Président qu'avec le Premier ministre : même intransigeance sur l'islam, sur la laïcité, ou la lutte contre la délinquance. Il a dénoncé récemment les « zones d'épuration ethnique » qui pourrissent la tranquillité de son territoire. Ce qui lui a valu les félicitations du président, mais pas celles de Perben. Un autre bruit circule avec insistance : l'arrivée au gouvernement de Bruno Retailleau, le patron des sénateurs LR. On évoque pour lui le poste de ministre des Collectivités locales et des Territoires. Jadis proche de Philippe de Villiers – les deux hommes sont brouillés –, il hésite... avant de décliner : il lorgnerait la succession de Gérard Larcher à la présidence du Sénat.

Autre rumeur : Jean-Paul Garraud, ancien député de l'UMP de Gironde, membre de la commission d'enquête parlementaire sur l'affaire Outreau, avocat général près la cour d'appel de Poitiers, serait promu garde des Sceaux, ministre de la Justice. C'était également le choix de Marine Le Pen. Le nouveau gouvernement sera connu le vendredi

6 mai à midi. Un démenti arrive. Ce sera le lendemain, vers 17 heures.

Un casse-tête : qui, au Quai d'Orsay ? Qui, à l'Économie et aux Finances ? Depuis plusieurs jours les journalistes accrédités à Matignon voient entrer et sortir du 57 rue de Varenne au moins une vingtaine de personnalités. Des anonymes ou semi-inconnus, comme le secrétaire départemental du Rassemblement national de l'Orne, ou encore les suppléants de Gilbert Collard ou de Louis Aliot programmés pour le Quai d'Orsay. C'est Bardella, devenu, l'espace d'un moment, l'homme aux clés d'or de l'hôtel Matignon, qui donne le nom des visiteurs. Nombre d'entre eux sont des fidèles de Wauquiez à la région. On les surnomme les grognards de Laurent. Le prototype : Arnaud Beuron, son directeur de cabinet au conseil régional. Arnaud et Laurent se sont rencontrés en 2007. À l'époque, le premier travaille avec le ministre des Sports Jean-François Lamour. Entre eux, la complicité fut immédiate. Arnaud organise tout. Voit tout. À des idées. Il est avenant, jamais dédaigneux. Discret, modeste. En cela, il est – légèrement ! – différent de son patron. Le poste de conseiller spécial lui est réservé. Un revenant aura droit, lui aussi, à un poste de conseiller spécial : Brice Hortefeux, l'ancien ministre de l'Intérieur de Sarkozy. Celui-là, le virus de la politique ne le quittera jamais. Une surprise : Pierre de Villiers, frère de Philippe, l'ancien chef d'état-major des armées, renvoyé brutalement par Macron de son poste en juillet 2017 – ce qui avait fait tousser la grande muette –, tient sa revanche. Le voici promu ministre des Armées.

Il aura pour adjoint Philippe Meunier, député du Rhône, qui fait partie des *afficionados* du Premier ministre. Même vision de la société. Même point de vue sur l'alliance avec la droite extrême. En clair, il faut y aller. Pas de ligne Maginot.

Dans le Rhône, on n'a pas oublié la « saucisson-partie » qu'il avait organisé le 12 juillet 2011.

Tiens ! Voici un visage familier. On le voit souvent sur les plateaux de télévision, notamment à l'émission *L'Heure des pros* sur CNews, animée le matin et en début de soirée, par Pascal Praud. Esprit brillant, orateur à la Edgar Faure, agrémenté, comme lui, d'un léger zozotement, c'est Philippe Bilger, ancien avocat général aux Assises de Paris. Du talent, il n'en manque pas, M. Bilger ! De l'opportunisme peut-être aussi. Que brigue-t-il ? Le poste de ministre de la Justice ? « Non, non, je viens simplement à l'invitation de M. le Premier ministre », affirme-t-il. Sans doute se verrait-il secrétaire d'État, auprès du ministre de la Justice, chargé des Droits des victimes. Une demi-heure plus tard, Bilger ressort de son entretien. « Notre conversation a été courtoise. J'ai apprécié sa liberté de ton. Je dois dire que j'ai été agréablement surpris. *In fine*, M. le Premier ministre ne m'a rien proposé. Ce sera peut-être, pour plus tard. » Ou jamais ! Car Bilger affiche souvent un désaccord avec Zemmour ou le Rassemblement national sur les questions de justice. Certes, il trouve, comme Zemmour, que les peines infligées aux jeunes délinquants ne sont pas suffisamment dissuasives. Mais, c'est là que surgit le point de désaccord, l'ancien avocat général ne croit ni que la justice soit laxiste, ni qu'elle soit politisée. Ce qui ne l'empêche pas, chaque fois que l'occasion lui en est fournie, notamment à l'émission *L'Heure des pros*, de marteler qu'il n'a jamais voté, et qu'il ne votera jamais pour la droite extrême.

Voici deux autres personnalités qui viennent d'être reçues de concert : le maire de Montfermeil, Xavier Lemoine, partisan de la méthode forte pour les délinquants, et Jean-Frédéric Poisson, l'ex-attaché parlementaire de Christine Boutin… Ce dernier concède volontiers « qu'il a été élevé à la bagarre de rue ! ». C'était il y a longtemps !

Car aujourd'hui, Poisson, pas plus que Lemoine, ne badinent avec l'ordre ! Vient une surprise improbable : l'écrivain Michel Houellebecq, qui se fait déposer en taxi devant le 57 rue de Varenne. Le Premier ministre lui proposerait-il un poste ? La Culture ? Pas d'actualité. Le poste serait convoité par Jean-Yves Le Gallou. Une demi-heure avec Wauquiez et l'écrivain, qui, secret de Polichinelle, ne porte guère l'islam dans son cœur, quitte Matignon. On n'en saura pas plus sur la teneur de son entretien. Voilà pour les certitudes. D'autres ont été approchés, mais ont décliné l'offre du Premier ministre. C'est le cas d'Alain Bauer, professeur au Conservatoire national des arts et métiers, spécialiste des questions de sécurité et de renseignement. Ce personnage, à la fois affable et secret, ancien grand maître du Grand Orient, connaît la planète police comme sa poche. Mais il préfère rester conseiller de l'ombre, comme il l'a été avec Manuel Valls ou Nicolas Sarkozy.

Nadine Morano, la Mme Sans-Gêne de la sarkozie, et Frédéric Péchenard, ami d'enfance de Nicolas Sarkozy, ex-patron de la police nationale, ont été sollicités. Des postes de choix leur ont été proposés. L'ancien président Sarkozy leur a déconseillé d'accepter quoi que ce soit du nouveau pouvoir. En bons soldats, ils ont dit non.

Voilà pour les grosses pointures reçues par Laurent Wauquiez auxquelles s'ajoutent quelques hauts fonctionnaires qui souhaitent garder l'anonymat. Des chefs d'entreprise ont également effectué un tour de piste à Matignon. Ainsi, Charles Beigbeder, le frère de Frédéric. Ce n'est pas une surprise. Beigbeder, qui fut un temps membre du Parti radical avec Jean-Louis Borloo, avant de prendre sa carte de l'UMP, puis d'en être exclu pour dissidence lors des municipales de 2014, confiait en 2017 : « Je n'aurai aucun état d'âme à soutenir le Rassemblement national. » (À l'époque, Zemmour ne sait pas encore s'il va être candidat à la présidentielle.) C'est le moment de sauter le pas. Le chef d'entreprise le fait, en rencontrant le nouveau Premier ministre. Beigbeder, c'est un peu « l'ambassadeur de l'union des droites bon chic bon genre ». À l'issue de son entretien avec le Premier ministre, Beigbeder affiche un large sourire. « Alors, que vous a-t-on proposé ? » interroge la meute de journalistes. Œil bleu, élégant, l'intéressé est sur un nuage. À coup sûr, il fera partie du gouvernement.

La formation, le samedi 7 mai, du premier gouvernement Wauquiez révèle des changements symboliques qui marquent la philosophie politique du nouveau pouvoir. C'est ainsi, par exemple, que sont créés un secrétariat d'État aux Victimes et un secrétariat d'État chargé des Prisons. Tous deux seront rattachés au ministère de la Justice.

Le ministère des Affaires européennes est supprimé. En lieu et place, une direction générale de l'Europe est créée, rattachée au ministre des Affaires étrangères. Le ministère de la Culture s'appelle désormais ministère de la Culture, des Beaux-Arts et de la Création artistique. Voit le jour un ministère du Monde paysan et de la Ruralité, nouveau nom du ministère de l'Agriculture. Le ministère de l'Intérieur prend le nom de ministère de l'Intérieur, de la Police et de l'Ordre public. Un grand ministère de la Famille et de la Population, comme sous la IVe République, est remis au goût du jour. Pour ce poste, Wauquiez choisit une jeune femme de 33 ans, Madeleine de Jessey, issue, par son mari, d'une très vieille famille normande. Elle émerge de la scène médiatique en avril 2013 au moment de la Manif pour tous. Ancienne élève de l'École normale supérieure, agrégée de lettres classiques, elle constitue l'exemple parfait de la militante qui a choisi Fillon en 2017 pour devenir supportrice d'Éric Zemmour, cinq ans plus tard. Enfin renaît de ses cendres le ministère de l'Immigration et de l'Identité nationale, créé par Nicolas Sarkozy, qui eut comme premier titulaire un socialiste converti au sarkozysme, Éric Besson. Son lointain successeur sera Robert Ménard, maire de Béziers.

Après la nomination du nouveau gouvernement ce 7 mai, très critiqué on s'en doute, aussi bien à gauche qu'à droite, vient le temps de la préparation des législatives qui auront lieu les 12 et 19 juin La campagne, visiblement, n'aura rien d'un long fleuve tranquille. Déjà, des incidents ont éclaté entre candidats pro-Zemmour et ceux de la France insoumise. On a eu un aperçu de ce climat le 8 mai à l'occasion de la cérémonie commémorative du 8 mai 1945 à l'Arc de Triomphe. Voir l'ancien président et le nouveau côte à côte, n'a pas fait consensus. C'est le moins qu'on puisse dire. Une centaine de manifestants ont crié des slogans hostiles à Eric Zemmour. Sur les plateaux de télévision, du côté des chaînes du « tout info », BFM TV et CNews, l'atmosphère semble plus sereine. Des débats sont organisés. Ce qui fait grimper les audiences.

Le lundi 9 mai, à 20 h 50, sur BFM TV, qui a doublé CNews, furieuse, deux jeunes pousses les inaugurent : Sarah Knafo et Gabriel Attal pour La République en marche. La première, on le sait, est une énarque, membre de la Cour des comptes. Le second, qui tente de conserver son siège de député conquis en 2017, dans les Hauts-de-Seine, ancien porte-parole du gouvernement, est l'un des chouchous d'Emmanuel Macron. Le débat sera arbitré par Apolline de Malherbe. Au menu : économie, social, sécurité, principalement. Les deux débatteurs ne se sont jamais rencontrés. Salutations d'usage. Une perceptible atmosphère électrique semble monter. Cela commence avec les clandestins et la sécurité. Sarah Knafo se lance : « M. Attal, cela vous arrive-t-il de regarder les rapports parlementaires ?

Je vous le dis, si vous l'ignorez, 320 000 personnes, en 2020, ont bénéficié de l'AME (Aide médicale d'État) alors qu'elles sont entrées illégalement sur notre territoire. Cela coûte 1 milliard d'euros à la collectivité nationale. En 2011, ce nombre était de 215 000 et coûtait 588 millions d'euros. Les agressions ne cessent de grimper. En cinq ans, la délinquance s'est envolée, de manière exponentielle, chez les jeunes, même les très jeunes, ceux âgés de 13-14 ans. Vous vous souvenez de la rixe à Beaugrenelle dans le 15e arrondissement l'année dernière où un jeune a failli mourir ? Et de cette collégienne poussée dans la Seine par un de ses camarades et morte noyée ? La population en a assez. »

Gabriel Attal : « Comment ne serai-je pas attristé par ces faits divers ? Vous voulez nous coller une responsabilité sur ces tristes histoires. Ce n'est pas très élégant de votre part. Mais je ne suis pas surpris par votre façon de faire. Mme Knafo, à longueur de temps, vous répétez à l'envi que nous nous moquons de la sécurité. Est-ce prendre ce sujet à la légère lorsqu'on voit, selon les statistiques de l'OFPRA (l'Office des réfugiés), que les expulsions d'étrangers en 2020 se sont élevées à 23 746, soit une hausse de 19 % par rapport à 2019 ? Est-ce prendre ce sujet à la légère quand on recrute 10 000 policiers supplémentaires alors que M. Sarkozy, président, en avait supprimé 10 000 ? »

Sarah Knafo : « Vous aurez de quoi les payer, ces 10 000 policiers, alors que vous n'avez toujours pas réglé les 24 millions d'heures supplémentaires que vous devez à des centaines et des centaines de policiers ? Pour revenir à la lutte contre la délinquance, il est temps d'abaisser la majorité pénale à 16 ans, voire 15 ans. Et surtout de construire des centres d'éducation fermés destinés aux jeunes délinquants. On en comptait une trentaine dans le pays. Vingt supplémentaires devaient être construits. Où sont-ils ? »

Gabriel Attal : « Vous êtes arcboutée sur la majorité pénale à 16 ans. Je vous ferai remarquer que seuls trois pays en Europe ont adopté une majorité pénale inférieure à 18 ans. Je vous les rappelle : la Grèce (17 ans révolus), le Portugal (16 ans), la Belgique (16 ans). Tous les autres sont restés à 18 ans.

Il ne vous a pas échappé que le pays a connu la pandémie du Coronavirus qui a fait plus de 100 000 morts, en un peu plus d'un an, et que nous avons dû mobiliser infirmières, aides-soignants, médecins, pour tenter de vaincre ce virus. La tâche a été compliquée. Par rapport à nos voisins européens, nous sommes loin d'avoir démérité. Je vous rappelle, mais vous n'en parlez jamais, que grâce à la ténacité du ministre de l'Éducation, Jean-Michel Blanquer, nous avons réussi à maintenir les écoles ouvertes. Nous avons accéléré la campagne de vaccination. Les Français ont compris l'enjeu et chaque citoyen a montré un grand sens des responsabilités, même si sont apparues des réticences chez quelques soignants. Vous et vos amis n'avez eu qu'une idée en tête, souffler sur les braises… »

Sarah Knafo : « Vous n'avez fait que démontrer votre incompétence. Souvenez-vous des masques au début de la pandémie. Un jour, ils étaient inutiles. Le lendemain, il fallait coûte que coûte en porter. Quant à la vaccination, mais tout a été dit sur le sujet, vous n'avez pas été à la hauteur. Elle a été chaotique. Il suffit, par comparaison, de se remémorer la stratégie mise au point par Israël, la Grande-Bretagne et les États-Unis. M. Attal, les électeurs vous ont sanctionné en élisant M. Zemmour. Ils vous sanctionneront à nouveau, dans quelques jours, en envoyant une majorité de députés de notre camp à l'Assemblée. »

Les minutes défilent. On parle économie. Social. Europe. Ah ! Cette Europe que l'extrême droite déteste – une idée fixe –, et en laquelle croit Gabriel Attal. On parle institutions. L'introduction de la proportionnelle. Nouveau désaccord. Ces deux-là ne s'accordent sur rien. Ou plutôt si, sur un point, la suppression de la Cour de justice de la République. Rien à dire : cette juridiction a montré sur la dizaine de cas dont elle a eu à juger qu'elle donnait une pâle figure de la justice…

Au bout de deux heures, Sarah Knafo et Gabriel Attal s'apprêtent à se séparer. Dernier mot de Sarah Knafo : « M. Attal, le problème de la macronie est simple : vous n'aimez pas le peuple. C'est normal, vous ne le connaissez pas. Vous êtes le parti des nantis. Vous en êtes le représentant. » Les militants pro-Zemmour applaudissent. L'ancien porte-parole du gouvernement ne s'attendait pas à une telle sortie. Constat unanime chez ceux qui ont assisté à ce débat : nous n'étions pas loin de la foire d'empoigne. Le mandat du nouveau président ne sera pas un long fleuve tranquille… Les autres débats qui se déroulent avant le premier tour des législatives confirment que le retour à une démocratie apaisée n'est pas pour demain. Déjà, quel que soit le résultat des législatives, les syndicats – CGT, CFDT, FSU, Solidaires, UNSA, mais pas FO – pensent à une grande marche, de la Bastille à la République, pour montrer leur mobilisation contre l'extrême droite. Certains à gauche disent qu'il fallait y penser plus tôt ! M. Zemmour a été élu démocratiquement pour cinq ans. Il va falloir patienter ! L'extrême gauche, La France insoumise, le NPA (Nouveau Parti anticapitaliste) notamment, pensent également à une manifestation. Du côté de la police, quelques éléments viennent de constituer un syndicat proche du nouveau pouvoir, un peu à l'image de celui qui avait été constitué au lendemain de la victoire de François

Mitterrand en mai 1981. Les syndicats de police traditionnels, républicains, attendent la suite des évènements. Déterminés, ils ne laisseront pas la police se fourvoyer dans une politique sécuritaire ou de maintien de l'ordre qui serait contraire aux intérêts de la République.

Mauvais temps sur le pays. Une violence larvée s'instille, ici et là, dans les territoires. Beaucoup de commentateurs le ressentent. Ainsi, Christophe Barbier qui vient de se lancer dans une aventure originale, celle de ressusciter *Franc-tireur*, journal issu de la Résistance.

L'ancien directeur de la rédaction de *L'Express*, chroniqueur virevoltant, brillant, parfois agaçant avec son côté je sais tout – il adore les citations et références historiques –, crie au feu. Et de répéter qu'il est encore temps pour qu'Éric Zemmour ne dispose pas d'une majorité à l'Assemblée nationale. Barbier prône un succédané de Front républicain qui regrouperait le PS, la République en marche et même des LR, sauf La France insoumise. Analyse partagée par Bernard-Henri Lévy. Avec davantage de virulence. Le philosophe ne laisse jamais rien passer dès qu'il s'agit de l'extrême droite. Dans *Le Point,* où ses chroniques sont très lues, il écrit : « Depuis le 2 mai, un poison s'est répandu à l'Élysée. Une partie des électeurs, même ceux de gauche, n'ont rien compris. Soit par naïveté, soit par optimisme. Ils n'ont pas compris que la Bête immonde, pour reprendre les mots de Bertold Brecht, rôdait autour de la République. Réveillez-vous consciences somnolentes ou endormies ! Réveillez-vous afin que la honte ne salisse pas ces 12 et 19 juin l'hémicycle de l'Assemblée nationale ! Réveillez-vous pour que le président Zemmour ne dispose pas des moyens de gouverner ! » Le lendemain, une dizaine de militants zemmouriens se retrouvent au métro Bac, non loin du domicile du philosophe, en criant quelques slogans hostiles : « Les Bobos au rancart » ou « BHL, pourquoi ne t'es-tu pas présenté ? ». Dans l'entourage du chef de l'État, on s'amuse de cette « éruption de boutons » chez quelques bonnes âmes de la « gaucho-rive gauche ». Interviewé par *Libération*, Julien Dray, ex-député socialiste de l'Essonne, proche de François Hollande, se place sur le plan politique. Bien sûr qu'il n'aime guère ce que représente Éric Zemmour, un danger pour le pays, mais, martèle-t-il, « la gauche porte une lourde responsabilité dans sa victoire. Incapable qu'elle a été de présenter aux électeurs une alternative programmatique. Que ce soit dans le domaine économique, social ou même sur le plan sécuritaire. À gauche, on a toujours pensé que la droite avait le monopole de la sécurité. Certains, à gauche, ont encore en mémoire l'année 2002 où Lionel Jospin, pour avoir pris à la légère cette question, a été exclu du second tour à la présidentielle ». Le fondateur de SOS racisme poursuit : « Nous devons reconstruire le Parti socialiste, comme François Mitterrand l'a fait dans les années 1970 avec la FGDS (Fédération de la gauche démocrate et socialiste). Il suffit de répondre aux aspirations du peuple. En 1981, Mitterrand proposait la retraite à 60 ans, les trente-cinq heures, les nationalisations, l'ouverture de l'information à la télévision. Le pays étouffait. Il y a eu des résistances à droite. Mitterrand a tenu. »

Mercredi 11 mai. Passation de pouvoirs chez les ministres. Pour ceux du gouvernement Wauquiez, c'est le baptême du feu. Gérald Darmanin, à 11 heures, place Beauvau, s'en tient au service minimum pour souhaiter la bienvenue à Gilles Platret. « Je vous souhaite bonne chance, dit Darmanin à son successeur, en espérant qu'en matière de sécurité et de lutte contre le terrorisme, vous ferez aussi bien que nous. » Sourire du nouveau ministre qui semble dire : « Nous n'aurons pas de mal. »

Au Quai d'Orsay, l'atmosphère est tout autre. Témoin, l'accolade donnée par Jean-Yves Le Drian à Louis Aliot. Au ministère de la Justice, ceux qui assistent au départ de Dupond-Moretti n'en reviennent pas. Pendant les cinq à six minutes que dure son discours, pas une fois l'ancien ténor du barreau ne regarde son successeur, un ancien magistrat, Jean-Paul Garraud. Jamais, de mémoire de journaliste, on avait assisté à une telle journée de passation de pouvoirs entre ministres. Elle fut cafardeuse.

Après ce moment pénible passé entre vainqueurs et vaincus, on se dit que le premier Conseil des ministres, exceptionnellement prévu le jeudi 12 mai à 10 heures, au Salon des ambassadeurs – en principe, c'est le mercredi – sera détendu. Tout simplement parce que ministres et secrétaires d'État – ceux autorisés à venir – se retrouveront selon leurs affinités électives. Erreur. Ce Conseil des ministres restera dans les annales de la République. Rien ne semble avoir été préparé. Aucune indication n'a été donnée aux membres du gouvernement quant à leur placement dans la salle du Conseil. On a oublié de disposer les cartons avec les noms des ministres autour de la table ! Personne ne connaît le rang protocolaire desdits ministres. Le président ne décolère pas. Heureusement, Thierry Mariani, le seul, avec Wauquiez, à avoir occupé des fonctions ministérielles, prend les choses en main et place ses collègues. Les deux hommes n'ont jamais vu jamais vu une telle désorganisation le jour du premier Conseil des ministres. Au bout de vingt minutes, tout le monde est assis. Éric Zemmour, en face de son Premier ministre. À sa droite, le garde des Sceaux, Jean-Paul Garraud. Après avoir demandé d'éteindre les portables, le nouveau chef de l'État souhaite la bienvenue aux ministres et les remercie pour leur implication dans « ce combat historique qui nous a conduits à la victoire et marquera la France et les patriotes ». Il poursuit :

« Une tâche immense nous attend. Ne cédons jamais sur nos valeurs. Ordre. Confiance. Travail. Tentons de convaincre celles et ceux qui ne nous ont pas encore rejoints. » Il termine par un conseil, plutôt une injonction : « Ne parlez pas trop aux journalistes, toujours friands de ragots qui n'offrent guère d'intérêt. Si un journaliste sollicite votre cabinet pour une interview, vous le renvoyez chez Sarah Knafo, qui, comme vous le savez, est désormais la porte-parole du gouvernement. » Quelques ministres s'apprêtent à applaudir. Initiative qui tourne court, grâce à un geste du président.

11 h 15, fin du Conseil des ministres. Le président, toujours de méchante humeur, remonte dans son bureau en compagnie de Laurent Wauquiez. Les autres ministres quittent rapidement la salle. Sur le perron de l'Élysée, Mariani interpelle Garraud : « Dis donc, cher Jean-Paul, tu as vu ce cafouillage ? J'ai cru que le président allait tous nous virer et annuler le Conseil. Trêve de plaisanterie, j'espère que des couacs de ce genre, il n'y en aura pas des mille et des cents ! Et que *Le Canard enchaîné* ne va pas mettre son bec dans cette histoire. » Mal vu. La semaine suivante, l'hebdomadaire satirique révèle l'affaire avec comme titre : « Atmosphère électrique à l'Élysée pour une histoire de chaises. » Le papier est illustré par un dessin de Pancho qui montre Éric Zemmour, en survêtement, revêtu du maillot bleu de l'équipe de France, courir autour de la table pour récupérer sa chaise… plutôt son fauteuil, que le Premier ministre s'est octroyé. Décidément, les nouvelles vont vite. Pourquoi ? C'est simple : une partie du personnel de l'Élysée, fonctionnaire, présent depuis des lustres, n'éprouve guère de sympathie pour le nouvel occupant. Alors, on balance à la presse !

*

Dimanche 12 juin. Premier tour des élections législatives. Rappel : 577 députés seront élus. Majorité : 289. Le parti du président, qui commence à sortir des limbes, dénommé Reconquête – il recueille 2 000 adhésions par jour –, arrive en tête dans près de 500 circonscriptions. Malgré une mobilisation à gauche, le président et son Premier ministre peuvent espérer obtenir une majorité de sièges à l'Assemblée nationale.

Dimanche 19 juin. Second tour. Déroute à la République en marche : elle ne compte plus que 47 députés, contre 308 en 2017. Si on ajoute les sièges conquis – 40 – par le parti d'Édouard Philippe, les députés macronistes atteignent le chiffre de 87.

Les LR devront se contenter de 92 sièges. Le PS avec les écologistes ne s'en tirent pas trop mal : 87. Le PC retrouve quelques couleurs avec 17 sièges. Debout la France, le parti de Dupont-Aignan, jadis allié de Marine Le Pen, aura 4 députés. La France insoumise de Jean-Luc Mélenchon se maintient : elle aura 12 députés.

La nouvelle majorité en détiendra 286 auxquels s'ajoutent 4 députés de Debout la France, qui n'ont fait aucune difficulté pour rallier la nouvelle majorité présidentielle. Nicolas Dupont-Aignan est un homme aux convictions élastiques. Il a suffi qu'on lui promette un poste de secrétaire d'État à la Coopération, et qu'on confie une mission sur le commerce et l'artisanat à un ancien gilet jaune, passé par l'UMP, le RN et Debout la France, Benjamin Cauchy, pour mettre un terme à toute rancœur.

En tout, le bloc Zemmour-Wauquiez compte 290 députés. Soit une voix de majorité. Une quinzaine d'entre eux sont devenus députés en tant que suppléants de poids lourds promus au gouvernement.

En juin 2017, l'Assemblée nationale avait été renouvelée aux trois quarts. Cinq ans plus tard, les statistiques sont identiques. Des inconnus, surtout dans les troupes présidentielles, arrivent en masse au Palais-Bourbon. On y trouve de tout : des artisans, des patrons de PME, des avocats, quelques enseignants, trois banquiers, deux professeurs d'université, un conducteur de bus, deux syndicalistes FO, trois journalistes – dont Philippe Ballard, conseiller régional élu sous l'étiquette RN –, une dizaine de conseillers municipaux ou conseillers régionaux. Parmi ces bizuts, on recense quatre élus, originaires du Maghreb, naturalisés depuis sept ou huit ans. Le gouvernement les cite souvent en exemple d'une intégration réussie. Il en profite pour faire entendre une petite musique vite comprise : « Vous voyez bien les partisans de Zemmour ne sont pas racistes. »

Mardi 21 juin. Le gouvernement Wauquiez 2 est rendu public dans la matinée. Sur le perron de l'Élysée, le nouveau secrétaire général, le préfet Payet, égrène le nom des ministres ; peu à l'aise, il oublie de préciser que les ministres sont nommés par la chef de l'État sur proposition du Premier ministre. La plupart des ministres du gouvernement Wauquiez sont reconduits. Parmi ceux-ci : Gilles Platret, ministre de l'Intérieur, de l'Ordre public et de la Police ; Louis Aliot, ministre des Affaires étrangères ; Jean-Paul Garraud, ministre de la Justice ; Thierry Mariani, ministre de l'Économie ; Charles Beigbeder, ministre des PME et du développement territorial ; Jean-Yves Le Gallou, ministre de la Culture ; Jean-Christophe Poisson, ministre de la Population et de la Famille ; Xavier Lemoine, ministre du Monde paysan et de la Ruralité. Olivier Pardo, avocat du président, ancien magistrat, se voit confier un secrétariat d'État aux Victimes. Il sera rattaché au ministre de la Justice.

Michel Onfray s'est vu proposer le ministère de la Culture. Il a refusé. Sollicitée également, Natacha Polony, la directrice de *Marianne* qui s'est vu proposer le poste nouvellement créé de secrétaire d'État à la Réforme de l'enseignement primaire. « Je veux garder ma liberté de journaliste », a-t-elle dit.

Le soir même a lieu une réunion du bureau exécutif du Parti socialiste à son siège d'Ivry. Sont présents Olivier Faure, premier secrétaire, député de Seine-et-Marne, Laurence Rossignol, ancienne ministre de la Famille de François Hollande, Rachid Temal, sénateur du Val-d'Oise, Julien Dray, ancien député de l'Essonne, Boris Vallaud, député des Landes. Constat unanime : on aurait pu avoir pire. « Ne soyons pas trop inquiets, lâche Olivier Faure, avec le climat qui règne dans le pays, je vous fiche mon billet que ce gouvernement fera un an, un an et demi maximum. Pour l'instant, nos compatriotes observent. Attendent. Je vous le répète, des soubresauts sont à prévoir. »

Mercredi 22 juin. Du côté des LR, on ne reste pas inactif. Le comité stratégique a été convoqué en urgence, à 9 heures, par le président du parti, Christian Jacob. Tous les ténors sont présents : de Bruno Retailleau, sénateur de Vendée, à Gérard Larcher, président du Sénat, en passant par Nadine Moreno, députée européenne, Aurélien Pradié, le secrétaire général adjoint, ou Damien Abad, député de l'Ain, président du groupe à l'Assemblée nationale. François Baroin, le maire de Troyes, que l'on croyait définitivement détaché de la politique, est venu lui aussi. Tout comme Éric Ciotti et Guillaume Peltier, deux zemmouro-compatibles. Valérie Pécresse et Xavier Bertrand, réélus en juin 2021, présidents de leur région respective, qui avaient quitté les LR, sont, rappelons-le, revenus au bercail.

Laurent Wauquiez, désormais Premier ministre, s'est mis en congé du parti.

L'objet de cette réunion, très parcellaire, il manque des ténors du mouvement, est clair : quelle attitude doit adopter le parti face à Éric Zemmour et Laurent Wauquiez ? Premier constat, mais on le sait depuis longtemps, ce n'est pas *Embrassons-nous, Folleville !*. Deux camps se font face à face. Le premier comporte les tenants de l'alliance, prêts à faire quelques pas avec le nouveau pouvoir. Parmi eux, Bruno Retailleau, le sénateur de Vendée qui n'a aucun complexe à marcher sur les plates-bandes du Rassemblement national. Il déclare : « Ne nous perdons pas dans le marais des idées molles. » Voilà qui ne souffre aucune ambiguïté. Même analyse du côté de Nadine Morano : « Ce n'est pas parce que Mme Le Pen ou M. Zemmour nous piquent nos idées que nous devons baisser les bras. »

Même discours musclé chez Éric Ciotti, qui a tenté une escapade en mai vers Éric Zemmour : « J'ai évoqué l'hypothèse d'un Guantánamo à la française pour mettre hors d'état de nuire les terroristes. À un moment, j'y ai renoncé. Mais aujourd'hui, avec le terrible attentat de Rambouillet qui a coûté la vie à une fonctionnaire de police fin avril 2021, je reviens sur ma proposition. » Les participants à la réunion se regardent. Gênés par les propositions du député des Alpes-Maritimes. Un participant apprécie, c'est Guillaume Peltier[1]. Il applaudit des deux mains le discours

1. Issu d'une famille de sensibilité de gauche, comme beaucoup d'élus du RN, titulaire du Capes d'histoire-géographie, Guillaume Peltier s'engage très jeune – à 20 ans – en politique. D'abord, au Front national de la jeunesse, puis au MNR, chez le « félon » Bruno Mégret, avant de rallier, en 2001, le Mouvement pour la France de Philippe de Villiers. Il y reste jusqu'en 2009, date à laquelle il rejoint l'UMP, devenue Les Républicains chez lesquels il ne compte pas que des amis en raison de ses positions très droitières. Candidat à de nombreuses reprises à diverses

de son collègue Ciotti. Écoutons-le : « Nous devons restaurer l'ordre et la confiance. Nous devons pouvoir nous promener en toute quiétude dans nos villes et nos villages. Et pour cela, il n'y a pas 36 moyens : ne pas baisser la garde, expulser tout étranger qui encourt une peine supérieure à un an de prison, et expulser dare-dare les 22 à 25 % d'étrangers qui purgent leur peine en prison. »

Et le député du Loir-et-Cher de relancer son dada, infaillible en matière de lutte contre le terrorisme : la réinstauration de la Cour de sûreté de l'État avec impossibilité de faire appel d'une décision de cette juridiction. « Pourquoi pas, la peine de mort que Zemmour ne serait pas mécontent de rétablir, ou la réouverture du bagne à Cayenne ? » lance Larcher. Peltier écarquille les yeux. Le président du Sénat plaisante-t-il ? Pas le moins du monde. Larcher rétorque : « Réintroduire la Cour de sûreté de l'État serait un énorme pas en arrière. À quoi cela servirait-il ? Les cours d'assises spéciales en matière de terrorisme ne badinent pas. As-tu vu, il y a peu, cette femme accusée d'avoir préparé un attentat, près de Notre-Dame ? Elle a écopé de trente ans de prison. Je te rappelle également les assaillants du Thalys le 21 août 2015. Ils ont été condamnés à des peines de prison allant de vingt-deux à vingt-sept ans. Ce n'est quand même pas rien. Quant à la suppression de l'appel, c'est impensable. C'est la négation de l'état de

élections, il est élu député LR du Loir-et-Cher en 2017. Il semble s'éloigner de ce parti en affirmant, en mai 2021, être proche de Robert Ménard, le maire de Béziers. Ce qui n'empêche pas le remuant Guillaume Peltier d'avoir son champion pour la présidentielle de 2022 : Xavier Bertrand, qui, lui, a quitté Les Républicains. Christian Jacob, partisan d'une primaire pour la désignation des candidats à l'Élysée, est furieux de la prise de position du député du Loir-et-Cher. Résultat : début juillet, il démet Peltier de son poste de numéro 2 des LR. Il est remplacé par Annie Genevard, députée du Doubs.

droit. » Et d'ajouter, perfide, « ce genre de proposition est réservé pour un autre parti ». Moment de solitude pour Peltier...

C'est au tour des intransigeants à l'égard de la philosophie politique d'Éric Zemmour d'exposer leur point de vue. Écoutons Aurélien Pradié, député du Lot depuis 2017 : « J'entends ce que disent Éric et Guillaume. Mais est-ce le langage que nous devons tenir ? Interrogeons-nous sur nous-même. N'est-il pas dramatique que le bulletin de vote LR ne veuille plus rien dire aux électeurs ? Mettons-nous au travail sans regarder le voisin d'à côté. Proposons un véritable programme pour de futures élections. C'est cela qui préoccupe nos électeurs. »

Gérard Larcher, le consensuel président de Sénat, ne se perd pas dans des circonvolutions de bon aloi. Il va droit au but : « M. Zemmour est notre ennemi principal, fût-il à l'Élysée. Ce qu'il dit depuis des mois et des mois est contraire aux intérêts de la France. Je doute fort qu'il puisse changer. » Voilà près de trois heures que la réunion a commencé. François Baroin n'a pas parlé. Christian Jacob l'invite à le faire. Le maire de Troyes, comme son mentor, Jacques Chirac, a toujours montré une allergie viscérale à l'extrême droite. Il ne va pas dire le contraire aujourd'hui. Il fait siens les propos du président du Sénat tout en martelant qu'à chaque fois que le nouveau pouvoir fera des propositions contraires aux principes fondamentaux de la République, aux droits de l'homme, les LR et tous les démocrates barreront la route de l'extrême droite. Baroin revêtirait-il les habits du chef de l'opposition ? Non et non. La politique active, militante, c'est fini pour lui.

Mercredi 22 juin. 15 heures. Le Premier ministre, Laurent Wauquiez, monte à la tribune de l'Assemblée. Silence immédiat dans l'hémicycle pour écouter son discours de politique générale, axé sur les questions de sécurité, de justice et d'économie. L'hôte de Matignon, reconduit dans ses fonctions, veut surtout restaurer une « République de la sécurité et du mieux vivre », où chacun peut se promener, qui dans un parc, qui dans la rue, qui en famille, qui dans les transports en commun, sans craindre d'être agressé. Sur la justice et la sécurité : son programme est clair. Il tient en sept points :

1. Construire 20 000 places de prison au cours du quinquennat.
2. Rendre effectives les peines de prison, abolir les réductions de peine même pour bonne conduite et renvoyer dans leur pays d'origine les délinquants étrangers.
3. Ramener la majorité pénale à 16 ans au lieu de 18.
4. Développer les centres d'éducation fermés créés en 2002 sous Dominique Perben, alors garde des Sceaux. À cela s'ajoute une prise en charge plus grande des victimes. Pour ce faire, le Premier ministre annonce la création d'un secrétariat d'État chargé de la Protection des victimes (voir plus haut).
5. Faire appliquer réellement les OQTF (obligation de quitter le territoire français) alors qu'à peine 20 % d'entre elles sont exécutées.
6. Mise sur pied de brigades de police, présentes vingt-quatre heures sur vingt-quatre, dans les 300 à 400 quartiers sensibles de l'Hexagone.
7. Voter, au plus vite, un texte reconnaissant la présomption de légitime défense pour les policiers. [*Applaudissements nourris sur les bancs du RN et quelques députés LR ; cris indignés sur les bancs de l'opposition, notamment du PS, du PC et de La France insoumise*]

Le Premier ministre ne peut pas ne pas évoquer l'Islam. « Cette religion, martèle-t-il, doit respecter les lois de la République. Ces dernières prévalent sur toute religion quelle qu'elle soit. Je souhaite que chaque citoyen puisse, en toute liberté, pratiquer la religion qu'il désire. Nous devons accentuer la surveillance des mosquées sur le territoire, afin de déceler si oui ou non elles se trouvent sous la coupe de puissances étrangères. Que ce soit la Turquie, la Tunisie, le Maroc, l'Algérie. Je pourrais citer d'autres pays, vous le savez. Nous voulons créer les conditions acceptables pour tous, d'un véritable Islam de France qui soit compatible avec notre civilisation, notre histoire, notre identité nationale. C'est à ce prix que nous pourrons vivre dans une République apaisée. C'est ce que souhaitent nos concitoyens qui en ont assez de ce climat éruptif. Pour conclure, je vais vous dire une chose qui va déplaire, souvent constatée par l'ensemble des partis : l'immigration a montré son utilité, notamment dans les années 1960 avec la venue en France de travailleurs du Maghreb. Ces derniers ont offert leur talent au pays. Au sein de cette communauté, la délinquance était inconnue. Vingt, trente ans plus tard, il faut regarder la réalité en face : la petite délinquance, les incivilités, les agressions, les vols à la tire sont souvent le fait d'étrangers en situation irrégulière. C'est un constat. Aux États-Unis, les statistiques ethniques sont permises. En France, elles sont interdites. Pourquoi n'aurions-nous pas le droit d'y faire référence et de réprimer, comme il se doit, les auteurs de ces délits, souvent des multirécidivistes ? »

Tandis que les 286 députés de la nouvelle majorité (partisans de Zemmour étiquetés Reconquête, membres du RN ralliés, apparentés) se lèvent et applaudissent, debout, le Premier ministre, une grande partie de l'opposition crie : « Scandaleux », « Assez ! Assez ! Honteux ! ». Du jamais vu lors d'une déclaration de politique générale d'un Premier ministre. Le nouveau président de l'Assemblée, Gilbert Collard – élu la veille –, parvient à rétablir le calme. Ce gueulard qui ne manque pas d'esprit pressent, au cours de cette séance, que la suite ne sera pas un long fleuve tranquille. Ce n'est pas pour lui déplaire. La joute verbale, l'empoignade, c'est son truc. Il n'est pas avocat pour rien.

Après cette montée de température, le Premier ministre reprend son discours. Et annonce un referendum sur l'immigration. Nombreux applaudissements chez les députés de la nouvelle majorité. Autre bonne nouvelle : le Smic va être augmenté et un projet de loi va être déposé pour rendre plus facile l'organisation du referendum d'initiative citoyenne. Sur le plan institutionnel toujours, un projet de loi pour l'introduction de la proportionnelle va être déposé dans les prochaines semaines. Sur l'euro, le gouvernement envisage un aménagement, mais sans donner de précisions. La dette Covid sera remboursée. De même, un grand programme de travaux va être lancé. Un audit de tous les organismes publics et parapublics qui ne servent à rien ou pas grand-chose va être réalisé. La retraite sera fixée à 64 ans. En politique étrangère, le maintien dans l'Otan demeure, mais pas question que nous soyons à la botte des Américains. Un programme peu surprenant. Le Premier ministre termine : « Mesdames, messieurs les députés, voilà le programme que je souhaite mettre en œuvre. Je compte sur vous. Mais ce que je désire ardemment, c'est que nous retrouverions l'envie de vivre ensemble. Et que, plus jamais une fonctionnaire de police soit égorgée par un islamiste comme à Rambouillet fin avril 2021. Que plus jamais, comme à Avignon, en mai 2021, un policier soit froidement abattu alors qu'il n'opère qu'un simple contrôle. Que plus jamais un professeur de lycée, comme Samuel Paty, ne subisse un sort identique pour n'avoir fait que son métier. Que plus jamais la haine et les assassinats fomentés par des terroristes qui ont profité de notre hospitalité, de notre générosité, ne viennent frapper notre chère terre de France. » Là, les députés se lèvent une nouvelle fois et applaudissent le Premier ministre. Deux députés de la majorité crient : « Bravo ! Bravo ! »

Le discours de Laurent Wauquiez, lu au Sénat comme la Constitution l'y oblige, par un ministre, en l'espèce, celui de l'Intérieur, Gilles Platret, est adopté par les députés. Deux cent quatre-vingt-onze voix pour, soit deux voix de plus que la majorité absolue. deux cent quatre-vingt-trois contre. Trois, parmi les LR, se sont abstenus. Après avoir joué au Sénat la doublure du Premier ministre, l'ancien maire de Chalon-sur-Saône apparaît détendu, fier d'avoir passé presque trois quarts d'heure à la tribune, sans être interrompu.

Serein, détendu, le ministre de l'Intérieur, vraiment ? Pas tant que cela. Un vent mauvais souffle du côté de la Guadeloupe et de la Martinique. Des manifestations et rassemblements ont lieu depuis plusieurs jours pour protester contre l'élection de M. Zemmour et dénoncer la dégradation de la situation économique de ces territoires où le chômage atteint 20 %. Une dégradation amplifiée par la pandémie de la Covid 19 dont ces deux régions ont payé un lourd tribut.

Au second tour de l'élection qui vient de se dérouler, le candidat Zemmour et les forces de la droite extrême totalisent 26 % des suffrages contre 74 % à Emmanuel Macron. C'est Mélenchon, avec 27 %, qui a viré en tête au premier tour dans les deux régions. Le leader de La France insoumise a labouré le terrain, laissant entendre que les peuples martiniquais et guadeloupéens ont vocation à s'intégrer au grand ensemble des Caraïbes, y compris avec Cuba. Cette thèse a déjà été développée en 1967 par les militants du Groupe d'organisation nationale de la Guadeloupe (GONG[1]). Ce qui leur avait valu de se retrouver devant la

1. Voir le rapport de l'historien Benjamin Stora remis le 21 novembre 2016 à la ministre des Outre-Mer Erika Bareigts. Ce rapport analyse

Cour de sûreté de l'État, aujourd'hui disparue. Guadeloupe et Martinique vont-elles devenir le casse-tête du gouvernement Wauquiez ? En février 2021, une alerte a sonné en Guadeloupe, sous la forme d'une grève des milieux socio-professionnels et d'une occupation des ronds-points. Les chefs d'entreprise sont assaillis d'avis à tiers détenteur. Leur trésorerie est exsangue. En décembre 2021, le ministre des Outre-Mer, Sébastien Lecornu, empêtré dans une nouvelle crise sociale et économique, accentuée par la volonté de nombre de Guadeloupéens de ne pas se vacciner contre la Covid-19, propose de discuter, le cas échéant de l'autonomie de la région. Pas très heureux. Le ministre se fait conspuer. La tension persiste. Elle monte d'un cran le 4 janvier 2022 lorsque le directeur du CHU de Pointe-à-Pitre, est séquestré et molesté.

Attention ! En Guadeloupe, on ne peut jurer de rien. À Pointe-à-Pitre, les anciens se souviennent des journées des 26 et 27 mai 1967, au cours desquelles une grève des ouvriers du chantier Ghizoni-Zanella qui réclamaient de 2,5 % d'augmentation a débouché sur un affrontement sanglant entre compagnies de CRS et grévistes, sympathisants, étudiants. Le préfet de l'époque ordonnera de tirer sur la foule. Il y aura 87 morts selon des sources officielles. Le pouvoir central avait montré du doigt le GONG comme responsable de ces débordements, en raison de ses écrits, affiches, tracts et inscriptions sur les murs. Mais la grande faute du GONG, aux yeux des autorités métropolitaines, était d'avoir réclamé « l'indépendance de la Guadeloupe » qui portait « atteinte à l'intégrité du territoire national ». Le

trois évènements de l'histoire des Antilles-Guyane du XXe siècle : les émeutes de décembre 1959 en Martinique, la répression du 27 mai 1967 à Pointe-à-Pitre (Guadeloupe), et le crash du Boeing 737 d'Air France à Deshaies en juin 1962.

ministre de l'Intérieur a demandé aux services de renseignement de lui rédiger une note sur la situation aux Antilles. Il devrait en demander une sur la Nouvelle-Calédonie, et une sur la Corse. Ces deux territoires, on le sait, s'enflamment très vite.

CHAPITRE 9

NAISSANCE (DIFFICILE) DE LA RÉPUBLIQUE ZEMMOURIENNE

Gilles Platret, le maire (LR) de Chalon-sur-Saône, s'installe dans le bureau de Cambacérès. Les fiches S seraient conservées pendant trois ans. Au lieu de deux. La haute fonction publique, du Quai d'Orsay à la préfectorale en passant par la magistrature traîne les pieds face au nouveau pouvoir. Autre sujet qui fâche : la question du monopole syndical. Pas touche, disent les syndicats, c'est un casus belli. *Dans les allées du pouvoir, on s'inquiète de ce commencement de fièvre.*

Une semaine après le vote de confiance, le gouvernement annonce sa première mesure. C'est le ministre de l'Intérieur Gilles Platret qui s'en charge au cours d'une conférence de presse, place Beauvau. Pour ce premier contact, les journalistes sont venus en nombre. De Paris, de province, et même des pays voisins. Des journalistes russes, chinois et américains sont présents. Que va dire le ministre ? Qu'un vent nouveau va souffler place Beauvau. Que policiers et gendarmes peuvent compter sur l'appui de leur ministre pour que les Français vivent en sécurité. Que les petits délinquants pourront désormais faire un tour en prison. Que les délinquants étrangers devront retourner dans leur pays d'origine. Que la République des honnêtes gens est en marche…

Les journalistes somnolent, lassés d'un discours rabâché depuis des lustres, quand, sans crier gare, le ministre de l'Intérieur évoque les fichiers S. Au nombre de 30 000 chez nous, dont 18 000 répertoriés pour présomption d'Islamisme radical. Le reste est composé d'individus soupçonnés d'appartenir au grand banditisme, d'atteinte à la sûreté de l'État, etc.

Rédigées à 70 % par la DGSI (Direction générale de la sécurité intérieure), ces fiches ne concernent que des individus n'ayant jamais été condamnés. Or le nouveau ministre de l'Intérieur révèle vouloir faire le tri parmi ces individus fichés pour expulser les étrangers, au nombre de 4 000. C'est une obsession pour le ministre : il souhaite renvoyer très vite dans leur pays d'origine ces individus fichés S. Si l'on tergiverse, pense-t-il, nous ne pourrons plus rien faire. Aussi, dans le plus grand secret, chaque samedi matin, il organise des réunions dans son appartement privé avec les grands patrons de la PJ, de la DGSI, de la Police de l'air et des frontières. Le ministre voudrait commencer par 300 à 400. Cela pendant les vacances d'août. Les hauts fonctionnaires le mettent en garde. Le nombre de renvois est trop élevé. « Des fuites sont inévitables. Pour peu que ces fichés S soient mariés, aient des enfants, la presse – *Libération*, *Mediapart*, *Le Monde* – vous tombera dessus Monsieur le ministre, et ce renvoi, pourtant réclamé par plus de 70 % des Français, se transformera en fiasco. » Cette mise en garde au premier flic de France le contraint à patienter. Preuve éternelle que l'exercice du pouvoir n'a rien à voir avec sa conquête.

En attendant, le ministre propose que les fiches S conservées deux ans le soient désormais pour un minimum de trois ans. Il souhaite que chaque maire puisse connaître le nom de ceux qui, parmi ses administrés, font l'objet d'une fiche S. En septembre 2016, le maire d'Évreux, Guy Lefrand (Les Républicains) avait sollicité le préfet de l'Eure afin qu'il lui indique la liste des individus faisant l'objet d'une fiche S dans sa ville. L'affaire était remontée jusqu'au ministre de l'Intérieur Bernard Cazeneuve. Lequel avait opposé un refus catégorique. Arguant que la communication des fichiers S mettrait en péril le principe de confidentialité, nécessaire à toute enquête. À peine élu, M. Zemmour et son ministre de l'Intérieur montrent leur philosophie en matière de libertés publiques. Dire qu'Emmanuel Macron, avec ces lois GAFA, anticasseurs, avait été étiqueté liberticide ! La différence, note Patrick Cohen, lors de l'émission *C'est à vous*, diffusée chaque soir sur France 5, « c'est qu'avec Macron on a été surpris et qu'avec M. Zemmour, on s'y attendait. Le contraire eut été anormal ».

Été 2022. La République zemmourienne se met en place. Le nouveau locataire de l'Élysée est confronté à une question fondamentale : comment s'assurer de la neutralité de la haute fonction publique ? Chaque Président nouvellement élu doit répondre à cette question.

Ce n'est un secret pour personne que le corps préfectoral, le corps diplomatique, la magistrature et les fonctionnaires en général ne sont guère emballés par l'élection de M. Zemmour. Dès le mois d'avril, la puissante Association du corps préfectoral donne son avis sur le candidat Éric Zemmour : « Les préfets sont les représentants de l'État. Ils doivent se plier aux injonctions du pouvoir central. Ils sont républicains. Or, il nous semble que l'idéologie de M. Zemmour n'est pas toujours compatible avec les valeurs portées par les préfets de la République. S'il était élu en avril prochain à la tête de l'État, nous en prendrions acte, mais nous inciterions ceux qui le désireraient à se mettre en disponibilité. » Rappel : à la suite de l'élection de François Mitterrand le 10 mai 1981, un jeune sous-préfet annonce sa démission de la fonction publique. Son nom : Philippe de Villiers. Il était sous-préfet de Vendôme. Ils seront 37 préfets ou sous-préfets à partir vers d'autres cieux, notamment les conseils généraux ou des municipalités pour occuper le poste de directeur général des services. Avant de retourner, dès 1986, grâce à la cohabitation, dans leurs corps d'origine. Les diplomates ne sont pas en reste. Dès avril 2020, certains d'entre eux annoncent la couleur. En clair, M. Zemmour ? Non merci.

Avec les préfets, les tensions risquent d'être aussi fortes.

« Ils se calmeront très vite », pronostique Gilles Platret. Il ajoute : « Vous savez, décrocher sa casquette de préfet, être bien logé (souvent dans des hôtels particuliers), avoir à sa disposition chauffeur, cuisinière, femme de ménage 24 heures sur 24, beaucoup s'en contenteraient. » Pour l'heure, deux préfets ont fait allégeance au nouveau régime : D'abord, Christophe Bay, énarque, ancien préfet de la Dordogne (2014-2016), directeur de campagne de Marine Le Pen, qui est passé par les cabinets de Jean-Pierre Chevènement et de Daniel Vaillant, tous deux anciens ministres de l'Intérieur sous la gauche. Christophe Bay devrait être nommé au poste très convoité de directeur général de la Police nationale. Quant à Gilbert Payet, conseiller juridique et personnel du candidat pendant la campagne, préfet dans plusieurs départements (Saône-et-Loire, Haute-Corse, Nièvre, Pyrénées-Atlantiques), il rejoindra l'Élysée comme secrétaire général. Sa rencontre avec le Président s'est faite grâce à Sarah Knafo qui effectuait son stage de l'ENA à la préfecture de Pau dont le préfet n'était autre que Payet.

Du côté du Quai d'Orsay, la défiance des diplomates à l'égard du nouveau pouvoir est également très forte. Aux Affaires étrangères où règne un climat feutré, où les positions extrêmes, trop tranchées, ne sont pas les bienvenues, l'élection du nouveau Président est mal vécue. Il y a aussi au Quai d'Orsay un réflexe de classe. Si le clan Le Pen n'est guère apprécié, le clan Zemmour sera – peut-être – moins ostracisé… On verra à l'usage. En 1981, l'arrivée de François Mitterrand à l'Élysée n'emballera pas les diplomates. Avec le temps, la situation se normalisera, le nouveau Président, pragmatique, ayant la sagesse, à côté de ses proches, de promouvoir quelques gaullistes.

Dans une tribune publiée dans *Le Monde*, l'ambassadeur de France au Japon, Thierry Dana, tapait fort sur l'extrême droite : « La France est conquérante, et vous voulez en faire un pré carré », écrivait-il. Remonté contre l'extrême droite, l'ancien conseiller de Jacques Chirac pour les dossiers asiatiques et stratégiques (1998-2002) poursuivait : « Si les éléments de la tragédie française qui se mettent en place devaient conduire à son élection, je me placerais en réserve de toute fonction diplomatique. » Et de marteler : « La France est généreuse et vous voulez en faire une boutique repliée sur elle-même. La France est créative et votre vision sent le rance. » À peine publiée dans le quotidien du soir que cette tribune donne des idées aux collègues de l'ambassadeur de France au Japon. Ainsi, l'un des plus importants diplomates du pays, Gérard Araud, en poste à Washington, salue dans un tweet « le très beau texte de Thierry Dana ». Selon lui, la venue au pouvoir de l'extrême droite serait « une catastrophe totale ».

Pas question également de compter sur une déclaration d'amour de la magistrature à l'égard du nouveau chef de l'État. Ce dernier, depuis la parution de son livre *Le Coup d'État des juges*, n'a eu de cesse de fustiger ces juges qui ne poursuivent qu'un objectif : faire des cartons contre la classe politique. Le candidat Zemmour, à plusieurs reprises, n'aura de cesse de cibler le Parquet national financier qui s'est acharné sur Nicolas Sarkozy et François Fillon. Cette instance qui privera l'ancien Premier ministre d'une victoire à la présidentielle en 2017.

La réconciliation entre pouvoir et magistrats n'est pas pour demain. Sur ce plan, pas d'inquiétude : comme ses prédécesseurs, le Président trouvera des juges zélés pour appliquer ses directives en matière de nominations ou sa politique pénale. Sur ce point précis, l'heure est loin d'être au laxisme. Jusqu'au jour où quelques bavures retourneront l'opinion, par essence versatile…

*

Septembre 2022. Voilà six mois que Macron a quitté l'Élysée. Six mois que la présidence Zemmour avance cahin-caha. Deux ministres ont démissionné, Thierry Mariani et Robert Ménard, parce que mécontents de la lenteur de certaines décisions. Comme la construction de prisons ou le recrutement de policiers restés lettre morte. N'étant pas des zemmouriens pur jus – ce ne sont que des alliés ou ralliés –, ils ont le sentiment d'être snobés par leurs collègues.

Des altercations éclatent entre députés zemmouriens et ceux de La France insoumise. À la buvette de l'Assemblée, le bouillant Gilbert Collard et l'insoumis Alexis Corbière, qui l'est tout autant, ont failli en venir aux mains. Intention vite rangée aux vestiaires, grâce à l'intervention d'un député de La République en marche. L'atmosphère est pesante dans l'hémicycle. Chaque mardi, à 15 heures, éclatent des incidents. Tel député, du parti Reconquête, peu familier des interventions, se voit rabrouer, par ses collègues d'En marche ou de La France insoumise, à chaque fois qu'il pose une question. Tel autre, membre des LR, a droit à des quolibets en provenance des élus zemmouriens. Du genre : « LR, collabos » ou « LR Les rigolos » C'est le temps des invectives. Guillaume Larrivé, député LR de l'Yonne : « Je n'ai jamais vu un tel climat où vulgarité, méchanceté sont le lot permanent dans l'hémicycle. »

Le Premier ministre observe la situation. Il ne sait quoi penser. Ou plutôt si… il est effaré. Jamais il n'aurait cru qu'un tel bazar régnerait à l'Assemblée nationale. Un ministre a beau lui rétorquer qu'au Sénat les relations sont plus policées, Laurent Wauquiez ne peut s'empêcher de penser qu'un peu d'autorité serait salutaire. Dans le domaine régalien, il ne variera pas d'un pouce. Déterminé qu'il est de mettre en œuvre la batterie de mesures préconisées lors de sa campagne : conditions plus sévères pour obtenir la nationalité française ; majorité pénale instaurée à 16 ans ; nominations des hauts magistrats sans passer par l'avis du Conseil supérieur de la magistrature ; expulsion des délinquants étrangers qui risquent une peine supérieure à un an de prison : ils ne seront pas jugés en France, mais dans leur pays d'origine. Autre sujet qui fâche : la volonté affichée du gouvernement de ressusciter les syndicats maison. Comme la Confédération française du travail (CFT). L'initiative ne plaît ni à la CGT, ni à la CFDT.

En revanche, du côté de FO, syndicat multiforme, qui compte dans ses rangs des trotskistes, des anarcho-syndicalistes, des socialistes tendance Guy Mollet, jusqu'à des membres des Républicains, voire du RN, quelques adhérents ne sont pas mécontents de la possible résurgence de la

CFT. Pourquoi pas des alliances avec elle ? Ne nous y trompons pas : la CFT, si elle compte 2 000 à 3 000 adhérents, c'est une hypothèse large. Derrière ce projet d'alliance, pourquoi pas aussi avec la CFTC ? Le Président a une idée derrière la tête qu'il s'est bien gardé de révéler pendant la campagne présidentielle : la suppression de la notion de représentativité des organisations syndicales pour permettre l'émergence de candidats libres, à l'occasion des élections professionnelles. Rappelons que, dans un passé pas si lointain, l'un des dirigeants de FO, Raymond Le Bourre, qui fut d'abord membre de la CGT, sera l'un des animateurs de l'Alliance pour le progrès et les libertés, mouvement qui fut le soutien de l'avocat Jean-Louis Tixier-Vignancour, lors de l'élection présidentielle de 1965. Un personnage, Tixier-Vignancour. Voix de stentor, il sera député dès 1936, siégeant sur les bancs de l'extrême droite. Avocat du général Salan lors des procès de l'OAS et de Louis-Ferdinand Céline, cet antigaulliste, pétainiste, mais antiallemand, candidat à la présidence de la République en 1965, où il eut Jean-Marie Le Pen comme directeur de campagne, votera pour François Mitterrand au second tour. Pittoresque et haut en couleur, Tixier avait l'habitude, en 1936, quand il avait oublié sa cravate – à l'époque obligatoire – pour pénétrer dans l'hémicycle, de transformer en nœud papillon un billet de 10 000 francs (anciens) qu'il plaçait habilement sous son col de chemise… Alors, les huissiers le laissaient entrer.

CHAPITRE 10

BAGARRE POUR UN MAGOT À TROIS MILLIARDS DE CENTIMES

Au début, tout le monde, il est beau, tout le monde, il est gentil. Jusqu'à ces nuages qui apparaissent. Des élus estampillés RN reprochent au président Zemmour de ne pas leur accorder la place qu'ils méritent. Il nommerait trop de hauts fonctionnaires qui lui sont proches. Le climat se détériore entre les deux camps. C'est alors que des documents sur l'affaire Lambert sont envoyés anonymement à Mediapart. *Ces documents ciblent Jean-Marie Le Pen et son ex-épouse… Un mauvais coup du camp Zemmour ? Vous avez dit vengeance contre la famille Le Pen ?*

Octobre 2022. L'adhésion à la nouvelle gouvernance apparaît toujours aussi médiocre. Un sondage Odoxa révèle qu'un électeur sur deux ayant voté Éric Zemmour est déçu par la politique suivie. Aucune personnalité de premier plan ne semble émerger. Des jalousies se font jour entre ministres. À l'Assemblée nationale, les députés, pour 90 % d'entre eux, entament leur premier mandat. Parmi eux, très peu de juristes. Plutôt des jeunes patrons de PME. Des artisans (voir plus haut). Des indépendants. Rien d'étonnant que ces derniers éprouvent des difficultés pour assimiler le droit parlementaire et son vocabulaire : amendement, niche, vote bloqué, article 49-3, ordonnance. En janvier 1956, les députés poujadistes ont connu cette situation, source de moqueries de la part de leurs collègues. En juin 1958, les députés UNR élus avec comme seul programme l'étiquette gaulliste seront traités de « godillots ». En 1981, les députés socialistes arrivés en masse au palais Bourbon subiront des quolibets identiques à leurs prédécesseurs de 1958. En avril 2022, le nouveau pouvoir souffre d'un handicap de poids : il peine à trouver des préfets, des ambassadeurs et des recteurs d'académie. Nommés sous Emmanuel Macron, bon nombre d'entre eux choisissent de se mettre en disponibilité. Les postes libérés ne trouvent pas preneur.

À l'automne 2022, l'enthousiasme n'est pas au rendez-vous. Survient une guéguerre entre lepenistes et zemmouriens, les premiers reprochant au Président de privilégier son camp dans les nominations de hauts fonctionnaires. Toujours cet appétit pour les places ! Les zemmouriens s'exaspèrent. Jusqu'à ce qu'un jour de septembre 2022 des documents sur l'affaire Lambert atterrissent, anonymement, à la rédaction de *Mediapart*.

L'histoire est ancienne. Elle remonte aux années 1970. Elle avait mis en cause Jean-Marie Le Pen. Finalement, aucune poursuite n'avait été diligentée contre le fondateur du Front national. Qu'importe !

Le public, qu'il soit pro ou anti-Le Pen, éprouve une appétence pour un clan qui traverse bruyamment, depuis des lustres, le paysage politique de l'hexagone.

Cet envoi anonyme tombe bien. Il permet d'enrichir l'enquête que *Mediapart* consacre à Le Pen et Zemmour.

Le premier volet de l'enquête a trait à la jeunesse de Le Pen, la guerre d'Algérie, et la fondation du Front national. Le deuxième relate les relations amicales nouées entre le patriarche et celui qui était à l'époque journaliste au *Figaro*. Le troisième est consacré aux relations amicales nouées entre Marine et Éric d'une part, et entre Marion et Éric, d'autre part. Un cinquième volet revisite l'épisode mouvementé de la succession Lambert. L'histoire qui remonte à 1976 a déjà été évoquée, mais seulement dans les grandes lignes.

Grâce à des procès-verbaux (P-V), jamais ou peu dévoilés à ce jour, *Mediapart* apporte des informations inédites. L'épisode en question : les péripéties, procédures judiciaires et interrogations, autour d'une énorme succession : celle d'Hubert Lambert, héritier des ciments du même nom. Cette succession donne lieu, en 1976 et les années suivantes, à un affrontement entre d'une part, Philippe Lambert, cousin éloigné d'Hubert et, d'autre part, Jean-Marie Le Pen, pourtant déclaré légataire universel d'Hubert[1]. Pour comprendre les dessous de cette bagarre hors norme où trois milliards d'anciens francs – 4,5 millions d'euros – sont en jeu, un coup d'œil en arrière s'impose.

Milieu des années 1970. Jean-Marie Le Pen, fondateur du Front national, ancien député poujadiste (1956-1958), fait la connaissance d'Hubert Lambert. Ce dernier, âgé d'une quarantaine d'années, qui se fait appeler Saint-Julien, milite au Front national où il est membre du comité central et du comité de rédaction du journal *Le National* où il tient la rubrique « Le Front des idées ». C'est à cette époque

1. Voir *Le Figaro* du 13 octobre 1976, « Bataille juridique à propos d'une succession dont Jean-Marie Le Pen est le légataire » ; *L'Aurore* du 10 mars 1977, « Les déboires d'un héritier par Philippe Bernert » ; *L'Événement* du jeudi du 14 octobre 1985, « Le vol noir des corbeaux par Jean Féraudy » ; *Le Canard enchaîné* du 30 octobre 1985, « Le Pen brade son gourbi pour deux milliards de centimes par Louis-Marie Horeau ».

que Jean-Marie Le Pen fait la connaissance de Mme Lambert, veuve de Léon Lambert, décédé en 1952, fondateur des ciments du même nom. Des liens d'amitié se tissent, entre d'une part, Lambert mère et fils et, de l'autre, les époux Le Pen. On s'invite. On se reçoit. Hubert est un homme malheureux. Malheureux en raison d'un mariage raté en 1964. (Il durera un mois.) Malheureux à cause d'un état de santé précaire. C'est un personnage à l'intelligence aiguë, mythomane, qui affirme terminer l'écriture de deux ouvrages, l'un consacré à Louis Rossel, le seul officier qui ralliera la Commune de Paris en 1871, l'autre au duc de Saint-Simon. (Hubert s'invente un talent d'écriture qui appartient à un ami proche, Jean Féraudy, professeur de lettres au cours Péguy à Anthony [Hauts-de-Seine].)

Jean-Marie Le Pen déjeune souvent au restaurant à Paris, avec Hubert. Il l'aime bien. Aussi a-t-il de grandes ambitions pour lui. En substance, « si j'arrive au pouvoir, tu auras un poste de choix », promet-il. Hubert le croit. Jusqu'à ce 23 août 1976 où survient un drame : le riche héritier perd sa mère avec laquelle il se trouve en vacances à Saint-Girons (Ariège), dans un relais de chasse de la fin du XIXe siècle, devenu l'hôtel Eychenne. Ce deuil est d'autant plus douloureux que le fils Lambert entretenait une relation fusionnelle avec sa mère. Deux témoins – Chantal Lambert, l'épouse de Philippe Lambert et Jean Féraudy – révéleront qu'Hubert avait l'habitude de dormir dans le même lit que sa mère.

Lorsque Jean-Marie Le Pen apprend la mort de la mère d'Hubert, il exhorte Pierrette, sa première épouse, à se rendre sur place. Celle-ci ne fait ni une ni deux. En vacances à Mimizan, guère éloigné de Saint-Girons, elle fonce voir Hubert. Elle le découvre en grande détresse. Le 3 septembre, il rentre à Saint-Cloud. En proie à des crises nerveuses qui le contraignent à fréquenter maintes cliniques, atteint d'une tumeur au cerveau, il supporte mal le décès de sa mère.

Addict aux médicaments qu'il prend au-delà du raisonnable, il reste alité le plus clair de son temps au premier étage de l'hôtel particulier qu'il habite à Saint-Cloud, 8, parc de Montretout. Pour sa part, Philippe Lambert, un cousin éloigné, occupe le rez-de-chaussée avec sa famille. Nous reparlerons de ce personnage, qui n'éprouve guère de sympathie pour Jean-Marie Le Pen. La réciproque est vraie. En atteste la bataille judiciaire sévère que s'apprêtent à livrer les deux hommes.

Galopent les semaines. Hubert Lambert sombre dans l'alcoolisme, fume beaucoup, jusqu'à cent cigarettes par jour ! Depuis la mort de sa mère, il reçoit des amis presque tous les jours. « J'ai besoin d'une présence humaine », confesse-t-il. Un domestique s'occupe de lui. Lui apporte ses repas. Deux médecins viennent le voir. L'un est le médecin de famille, l'autre est proche de Jean-Marie Le Pen. Ce dernier, souvent le dimanche, et son épouse rendent visite à Hubert, qui passe ses journées au lit. La foultitude de médicaments qui lui est administrée a de quoi intriguer même un néophyte. Chaque soir, vers 19 h 50, son chauffeur-maître d'hôtel, Alberto Dos Reis, lui prépare sa dose de médicaments : quatre cuillerées de sirop de chloral, un comprimé de Valium, un Equanil, un Melinax, et un Optalidon. Cinq minutes plus tard, deux cuillères de chloral. Un jour, l'employée de maison, Fatima, épouse d'Alberto, lui lance : « Vous prenez trop de médicaments ! » Réponse cinglante : « Si vous voulez commander, allez chez vous. » Fatima ne dira plus rien[1]. S'écoulent les jours. Tant

1. Voir P-V d'audition du 19 octobre 1976 de Fatima Dos Reis par le commissaire principal André Salavert.

bien que mal. Une nuit, Hubert appelle Alberto pour l'aider à se lever. Les jours, les nuits passent... Il reçoit toujours. Surtout son vieil ami, le prof de lettres, Féraudy, et Mme Le Pen. Et de temps à autre, le cousin Philippe... mais jamais en même temps que Mme Le Pen. Le 24 septembre, Pierrette Le Pen et Féraudy rendent visite à Hubert. À 20 heures, celui-ci se trouve au lit. Seul. Avec ses idées noires. Pierrette s'inquiète de la santé d'Hubert. Elle avertit son époux.

Le 25 au matin, à 8 heures, Alberto Dos Reis entre dans la chambre d'Hubert. La lumière est allumée. Le 28 septembre, à l'inspecteur Marcel Bourgery, du commissariat de Nanterre, Alberto livre son témoignage[1] : « J'ai cru d'abord en voyant M. Hubert sur son lit qu'il dormait. Il m'a semblé qu'il ne respirait pas. Je lui ai touché la main gauche qui était sur le drap. J'ai senti qu'elle était froide et que le bras était raide. J'ai pensé aussitôt que M. Hubert était décédé. J'ai appelé M. Philippe et sa famille pour les en aviser. Ils ont téléphoné au Dr Antonelli. Ce dernier leur a dit d'avertir le médecin légiste pour qu'il dresse le constat de décès. » La mort d'Hubert Lambert surprend. Certes, il n'était pas dans une forme éblouissante. Mais de là à passer, dans un délai aussi rapide, de vie à trépas, cela paraît impensable. Une autopsie est nécessaire[2]...

1. Voir P-V d'audition du 28 septembre 1976 d'Alberto Dos Reis par l'inspecteur Marcel Bourgery.

2. En effet, le Dr Jean Louin, exerçant à Saint-Cloud, qui s'est déplacé à Montretout le 25 septembre 1976 à 11 heures du matin, pour constater le décès d'Hubert Lambert, écrit sur le certificat médical : « La cause du décès n'est pas évidente – survenue chez un sujet traité pour éthylisme et vraisemblablement insuffisance hépatique. Il semble, d'autre part, qu'il y ait eu abus de médicament pris d'une façon excessive et sans discernement. Il me paraît nécessaire de faire pratiquer une

Comme dans toutes les histoires de succession surgissent des gens pressés de toucher leur dû. C'est le cas de Philippe Lambert et de Jean Marie Le Pen. Le premier affirme être depuis 1973 légataire universel de son lointain cousin Hubert ; ce que revendique également Jean-Marie Le Pen, par un testament signé d'Hubert et de sa mère en janvier 1976. Trois milliards de centimes, c'est le jackpot. Qui s'en désintéresserait ? La guerre est déclarée. Plaintes et assignations, de part et d'autre, sont déposées au tribunal de Nanterre. Premier à dégainer, Jean-Marie Le Pen. Dans une lettre adressée au procureur de la République de Nanterre, il raconte, par le menu, que le jour du décès d'Hubert, son cousin Philippe lui a refusé l'entrée de la maison. Une décision arbitraire puisqu'il est le légataire universel d'Hubert. « Du coup, écrit l'ancien député, j'ai fait apposer les scellés sur la porte de la maison. » Les choses se gâtent quand ce dernier découvre que des objets personnels de l'héritier ont disparu. Que sa chambre a été rangée. Que les lieux semblent avoir été fouillés avec minutie. Que le lit dans lequel est mort Hubert ne comportait plus de drap. Étrange. Nous sommes en plein roman policier. Ce n'est pas fini : Le Pen découvre que quelques jours avant sa mort, Hubert a retiré 50 000 francs... Où sont-ils ? Volatilisés ! La colère du fondateur du FN monte quand il apprend que Philippe revendique d'être légataire universel de son cousin depuis le 16 mars 1973. Oui, en colère, mais aussi abasourdi. Pourquoi ? Parce que les deux cousins ont été en conflit pour d'importants différents financiers. Il en était

autopsie. » Ce que réclamera le procureur de la République de Nanterre. Le directeur du laboratoire de toxicologie de la préfecture de police, Roger Le Breton, fera donc l'autopsie.

Ses conclusions seront les suivantes : l'héritier Lambert est décédé des suites de l'absorption de trop de médicaments et d'abus d'alcool.

résulté une brouille sévère entre les deux hommes. Dans ces conditions, on voit mal comment Hubert aurait rédigé un testament en faveur du cousin Philippe. Face à ces découvertes intrigantes, Jean-Marie Le Pen demande une enquête au parquet de Nanterre pour y voir plus clair[1].

Philippe Lambert ne reste pas, lui aussi, inactif. Dans une lettre adressée le 18 octobre au procureur de Nanterre, déniant en filigrane à Le Pen d'être légataire universel de son cousin, il s'interroge sur les conditions de la mort de ce dernier[2].

Et de citer le témoignage de Jean Féraudy. Selon celui-ci, « La cadence extraordinaire des piqûres de NOVO B12 m'inquiétait. Il devait en être faites en l'espace de 15 jours une quarantaine, à raison de 2 ou 3 par jour. » Glaçant. « Ce point, ajoute Féraudy, paraît être confirmé par Mlle Collinet, infirmière, qui est venue rendre spécialement visite à M. et Mme Lambert le 20 septembre. »

Hubert Lambert, c'est ce qui ressort entre les lignes de la lettre de son cousin Philippe, aurait pu être gavé de médicaments, ce qui aurait entraîné son décès. Toujours dans cette lettre, on lit : « Il semble que les médecins qui ont soigné, pendant de longues années, Hubert Lambert aient tous été surpris de sa brusque disparition. Il s'agit

1. Cette lettre de six pages, dont nous détenons une copie, est parvenue au parquet de Nanterre le 13 octobre 1976, soit un peu plus de quinze jours après le décès d'Hubert Lambert. Elle est accompagnée de trois photocopies : la première, de l'acte de décès d'Hubert Lambert, la deuxième, du testament d'Hubert et de sa mère, Mme Vve Lambert, et la troisième d'une assignation délivrée contre Jean-Marie Le Pen. Quelques mois plus tard, en janvier 1976, c'est au tour de Philippe Lambert de s'agiter. Dans une missive adressée au procureur de Nanterre, il écrit vouloir se constituer partie civile. Toujours dans cette lettre, il fait part de ses doutes sur la mort de son cousin Hubert.

2. Voir P-V d'audition de Jean Féraudy du 8 décembre 1976.

notamment du Dr Antonelli, médecin des hôpitaux de Paris, et du Dr Louvet, médecin à Saint-Cloud. » L'objectif de cette missive est à peine voilé : que le parquet de Nanterre réponde à cette question : A-t-on voulu précipiter la mort d'Hubert, *via* une prise excessive de médicaments ? Si c'est le cas, qui pourrait avoir été chargé d'exécuter cette besogne ?

Le parquet de Nanterre enquête sur cette histoire qui semble receler quelques mystères. Les inspecteurs de police entendent toutes les personnes qui, de près ou de loin, gravitaient autour du fantasque Hubert Lambert. Défilent entre octobre et novembre 1976 le couple Dos Reis (le mari est chauffeur-maître d'hôtel, son épouse, employée de maison), Philippe Lambert, son épouse Chantal, Jean-Marie Le Pen, Pierrette, et Jean Féraudy. De ces P-V d'audition se dégage un constat non équivoque : Hubert Lambert souffrait de graves pathologies. De jour en jour, à compter de la mort de sa mère, sa santé mentale et physique n'a fait que se dégrader. Et bien sûr, nous l'avons souligné plus haut, de ces auditions jaillit une haine féroce entre Philippe Lambert et Jean-Marie Le Pen.

L'audition par la PJ, le 8 décembre 1976, de Jean Feraudy retient l'attention. Il a rencontré Hubert en 1956 au siège du Rassemblement national de Jean-Louis Tixier-Vignancour, leur amitié ne s'est jamais distendue. Au contraire. D'autant que dès 1962, Hubert connaît de graves problèmes de santé déjà évoqués plus haut. Ajoutez à cela deux tentatives de suicide en 1965 et 1967 (cette année-là, il se tire une balle dans la poitrine), une mythomanie à peine voilée, et nous avons le portrait d'un homme torturé, qui, selon une expression populaire, n'a pas toute sa tête. Au cours de ces années galère, l'ami Feraudy répond présent. Relisons sa déposition : « J'étais devenu son ami le plus intime, à tel point qu'il me considérait comme son frère. Mais en raison de ma profession, je ne pouvais pas rester constamment auprès de lui et le protéger contre les dépenses folles où l'entraînait sa mythomanie. Beaucoup de personnes intéressées gravitaient autour de lui et lui soutiraient des dizaines de millions de francs anciens. »

Cette année 1976 commence mal, raconte Feraudy. Son futur gendre, le Dr Yvon Chauvel, diagnostique une polynévrite alcoolique et un début de cirrhose du foie. Pour s'en sortir, une seule solution : stopper tout alcool. Hubert semble écouter… pour quelques jours. Le démon le reprend. « C'est ainsi, précise Feraudy, qu'au cours d'un repas abondamment arrosé par Mme Lambert et son fils Hubert aurait été rédigé un testament en présence et en faveur de M. Le Pen. Cela se passait courant janvier 1976 d'après ce que j'ai pu en savoir. »

L'année s'écoule. La santé d'Hubert ne s'améliore pas. Les Le Pen lui rendent toujours visite. De temps à autre, Hubert reprend du poil de la bête. Le nombre de médicaments qu'il ingurgite intrigue son ami professeur de lettres. Témoin ce qu'il déclare, toujours ce 8 décembre 1976, à l'inspecteur de police : « Pendant cette période [septembre 1976], je me suis déjà étonné de la pléthore de médicaments qui encombraient la commode de sa chambre. La cadence extraordinaire des piqûres de NOVO B12 m'inquiétait. Il devait lui en être injecté, en l'espace de quinze jours, une quarantaine, à raison de deux ou trois par jour. Hubert m'a dit que cette monstrueuse pharmacopée lui était fournie par le Dr Demarquet[1], ami intime de

1. Médecin personnel de Jean-Marie Le Pen au temps de l'affaire Lambert. Croix de guerre, ancien du RPF, puis rallié à Pierre Poujade – il sera député du Finistère sous cette étiquette en 1956 –, Jean-Maurice Demarquet sera l'un des fondateurs du Front national avec Le Pen en 1972. À partir du milieu des années 1980, les deux hommes se brouillent.

M. Le Pen, qui a terminé ses études de médecine, paraît-il, à 54 ans. » Feraudy enchaîne : « Le Dr Antonelli, médecin de famille, ne semblait pas au courant de cette "concurrence", d'après les dires de Hubert. » Là, comment ne pas se poser des questions ? Comment un esprit normalement constitué ne se mettrait-il pas à gamberger ? Toutes ces visites du couple Le Pen. Ces médicaments prescrits au-delà du raisonnable, qui plus est, par un médecin qui se trouve être très lié à l'ancien député. Oui, de quoi être intrigué. L'inspecteur qui mène l'audition est troublé par ce récit. Mais, c'est ainsi : ses impressions et états d'âme, il doit les garder pour lui, sans faire le moindre commentaire. Jean Feraudy poursuit son récit. L'inspecteur n'en revient pas. Voici ce qu'il entend : « Jeudi 16 septembre à 15 heures. Je suis allé à Saint-Cloud. Mme Le Pen était au chevet du malade, penchée vers celui-ci, avec un léger corsage noir, très échancré et un pantalon blanc moulant. J'ai trouvé, en mon for intérieur, que c'était une curieuse visite auprès d'un homme de 42 ans, allongé sur son lit, en pyjama. À ma vue, Mme Le Pen s'est levée et m'a dit, quelque peu gênée : "Lorsqu'on est près d'Hubert, il faut être peu vêtu à cause de la température ambiante.[1]" » « Il est vrai, poursuit Feraudy, qu'un feu d'enfer rougeoyait dans la cheminée, tandis que deux radiateurs ronflaient littéralement dans une pièce aux fenêtres closes. » Quelques minutes après son arrivée, Hubert aurait lancé, d'un ton assez sec à l'adresse de Pierrette : « Laisse-nous ma choute, nous avons des choses importantes à dire, Jean Feraudy et

Demarquet accusera Jean-Marie Le Pen dans *Le Monde*, en octobre 1985, d'avoir assassiné Hubert Lambert. Ce qui lui vaudra d'être condamné pour diffamation envers Le Pen. Demarquet est mort en septembre 1989 à l'âge de 66 ans.

1. Voir P-V d'audition de Jean Feraudy du 8 décembre 1976.

moi. » Mme Le Pen s'exécute. À peine est-elle partie que, toujours selon Feraudy, Hubert aurait lâché « cette phrase stupéfiante » : « Ouf ! je vais pouvoir aller au cabinet. Avant votre arrivée, je n'osais pas, j'avais peur que cette salope ne fouille dans mon portefeuille pour me voler. »

Ces rapports entretenus entre Hubert Lambert et Mme Le Pen interrogent. Tantôt le premier a besoin du réconfort de la seconde, de la voir, de lui parler, d'être en sa compagnie, et dans les minutes qui suivent, voilà qu'il se montre agacé par Mme Le Pen à tel point qu'il l'exhorte fermement à quitter sa chambre.

Vendredi 17 septembre. La visite d'un prêtre l'a apaisé. Vers minuit, tout change. Il appelle son ami Jean : « Au secours, venez d'urgence ! » L'ami fidèle fonce en voiture à Montretout. Il y reste toute la nuit. Voici le récit qu'il fait, ce 8 décembre 1976, à l'inspecteur : « Je l'ai veillé toute la nuit jusqu'à 8 heures du matin. C'est au cours de cette nuit blanche que j'ai appris de sa bouche ceci : "Lorsque les Le Pen, ensemble ou séparément, étaient présents près de lui, ils permettaient à Hubert d'ingurgiter 50 comprimés de Benerva ou d'Algo-Névriton en une seule prise. Et, pour lui permettre de dormir, ils lui faisaient avaler d'un coup un demi-flacon de chloral." Je me suis formellement refusé, quant à moi, à me prêter à ce jeu dangereux auquel il me demandait de me livrer aussi, et je lui en ai donné les raisons qui ont impressionné Hubert. Quand je suis parti, il m'a dit, en me regardant dans les yeux : "Vous m'avez sauvé la vie !" »

Lundi 20 septembre. Nouvelle visite de Jean Feraudy. La dégradation de l'état de santé d'Hubert est « vertigineuse ». Le lendemain, il voit M. et Mme Philippe Lambert. Lesquels s'inquiètent, eux aussi, de l'état d'Hubert. Au cours de cette rencontre, le couple Lambert – *dixit* Feraudy – fait part de

« sa suspicion dans laquelle ils tiennent M. et Mme Le Pen, le Dr Demarquet et leur influence néfaste sur la santé physique et psychique d'Hubert ». Ah ! cette haine du couple Lambert à l'égard de Le Pen ! Elle est inexpugnable. Incommensurable. Comment pourrait-elle disparaître ?

Mercredi 22 septembre. Nouvelle visite de Feraudy à la villa Montretout. « Est-ce que je vais mourir ? » interroge-t-il. Son ami le rassure. Il reprend confiance. Avant de lancer : « Les Le Pen guettent ma mort. » Quelques secondes plus tard, Hubert enchaîne : « Demarquet est un escroc et un con dangereux. Je n'en veux plus. » À peine ces mots prononcés, se sentant très mal, Hubert envoie, à 18 h 30, un télégramme à un guérisseur de Malakoff, M. Levannier.

Jeudi 23 septembre. Vers 17 h 30, énième visite de l'ami Feraudy. Il trouve Hubert ragaillardi. Le guérisseur semble avoir été efficace. « C'est un miracle, dit-il, je ne souffre presque plus. C'est comme si on m'avait retiré une barre dans le dos et la poitrine. »

Vendredi 24 septembre. 5 heures du matin. Hubert appelle Féraudy. Arrivé sur le champ, il trouve Hubert au bord du délire. 17 h 30, il confie : « Mme Le Pen est venue cet après-midi et m'a gorgé de drogues. » Son ami : « C'est sans doute parce qu'elle est affectée de te voir affaibli. » La réplique fuse : « Elle s'en fout, elle a son papier. » Puis, se redressant de son lit, il prévient : « Demain, j'irai mieux, qu'elle ne se réjouisse pas trop vite. » 20 heures. Les deux amis se disent au revoir et s'embrassent. « À lundi, lance Jean Féraudy. » C'est la dernière fois qu'ils se voient. Dans la nuit du 24 au 25 septembre 1976, Hubert Lambert meurt. Vingt ans d'amitié s'envolent. Ils ne s'effaceront jamais. Une bataille judiciaire féroce s'engage entre Philippe

Lambert et Jean-Marie Le Pen. La justice est saisie. Le premier estime que le testament d'Hubert en faveur du second doit être annulé. Ce que conteste le second. Les journaux font leur miel avec cette histoire hors du commun en raison de la personnalité du principal protagoniste, ancien député, ex-candidat à la présidence de la République, et de l'ampleur des sommes en jeu.

De quoi est mort Hubert Lambert ? L'autopsie n'a rien donné, si ce n'est qu'il se gavait de médicaments. Le couple Le Pen aurait-il fait preuve d'imprudence en lui prescrivant une médication inappropriée ? Les confidences distillées par Hubert à son ami professeur de lettres pourraient accréditer cette thèse. Hubert lui-même, on l'a vu, a affirmé que les Le Pen « guettaient sa mort ».

Philippe Lambert, le cousin éloigné, haïssait les époux Le Pen. Il ne se privait pas de charger le candidat, en 1974, à la présidence de la République. Il n'est pas absurde de penser que le caractère particulier d'Hubert Lambert, les crises nerveuses répétées qui l'envahissaient, sa mythomanie, sa propension à ne pas lésiner sur l'alcool, aient favorisé son caractère atrabilaire. Quitte à dire le contraire de ce qu'il avait dit la veille. D'où ses propos oscillant entre le volcanique et l'agréable à l'égard des époux Le Pen.

Épilogue. La bataille judiciaire entre Lambert et Le Pen devait connaître son dénouement le 13 octobre 1977 devant le tribunal de grande instance de Nanterre. Objet : dire si le testament rédigé par Hubert Lambert, le 21 janvier 1976, en faveur de Jean-Marie Le Pen, devait être oui ou non annulé. L'audience s'annonçait explosive, le tribunal ayant également à se prononcer sur des vols présumés de part et d'autre ainsi que sur des délits de diffamation dont les deux parties s'accusaient mutuellement. À la surprise générale, de procès, il n'y en eut pas. Pourquoi ? Tout simplement, les deux parties, n'ayant, ni l'une ni l'autre, la certitude de l'emporter, ont accepté de transiger quinze jours avant l'audience. Un protocole d'accord a été signé. Aux termes de celui-ci, le testament en faveur de Jean-Marie Le Pen est validé, ce qui lui permet d'hériter de 30 millions de francs (3 milliards de centimes) et de prendre possession de l'hôtel particulier (365 m^2 sur 3 niveaux) et de ses dépendances situées dans le parc de Montretout (4700 m^2). Pour sa part, Philippe Lambert conserve la gestion industrielle des ciments du même nom et se voit dispensé de régler 1 million de francs de dommages et intérêts pour des propos injurieux envers Jean-Marie Le Pen. Celui-ci a tout lieu d'être heureux. Désormais, il peut se balader en famille dans le parc de Montretout.

C'était loin d'être gagné, tant on pouvait croire que certaines attitudes du couple Le Pen – rapportées par Hubert à Féraudy qui lui-même les a répercutées à l'inspecteur de la PJ – pouvaient laisser songeur quant à la réalité de l'affection qu'il portait à Hubert. Mais le fondateur du Front national est un battant hors norme. Un guerrier. Comme sa fille Marine Le Pen. Sauf que papa Le Pen n'a jamais eu la volonté d'accéder à l'Élysée. Alors que sa fille y a toujours cru. Le papier de *Mediapart* est repris dans toute la presse. Plenel est un malin. Comme tout bon ancien militant trotskiste, il connaît son extrême droite. Il sait que le nom de Le Pen est toujours vendeur. Du côté des politiques, les réactions sont diverses. Chez Les Républicains, Christian Jacob lâche : « Pour moi, il n'y a rien de neuf. L'histoire de la fortune de M. Le Pen a été mise sur la place publique il y a plus de quarante ans. C'est désormais un non sujet. *Mediapart* devrait trouver d'autres sujets plus en phase avec l'actualité. » Au PS, le premier secrétaire Olivier Faure ne partage pas cet avis : « Il est sain qu'en démocratie, les journaux publient des enquêtes parfois gênantes pour les élus. De quoi peut se plaindre M. Le Pen, il n'y a plus de conflit ? »

Alexis Corbière, député de La France insoumise (Seine-Saint-Denis), déclare : « Nous avons une fois de plus la preuve que M. Le Pen entretient des relations contrastées avec l'argent. » Si on scrute du côté de l'opinion, les réactions sont souvent du style : « Le Pen bénéficiait d'un testament en sa faveur. Pourquoi aurait-il fallu qu'il y renonce ? Il s'est battu pour récupérer son dû. N'auriez-vous pas agi comme lui ? » Quant à Marine Le Pen, elle est furieuse. « Les coups bas font partie de l'ADN des trotskistes », lâche-t-elle.

S'il y en a un qui est satisfait, c'est le directeur de *Mediapart*, Edwy Plenel. Il a réussi à faire ressortir des armoires une histoire que l'on croyait oubliée. Il y a apporté des détails et des précisions instructives. Il a publié des procès-verbaux inconnus jusqu'alors. Les lecteurs de *Mediapart* ont lu avec intérêt les articles consacrés à une famille hors norme. La presse les a repris. C'est l'essentiel, aux yeux de Plenel. Pourtant, malgré la qualité de l'enquête, est-il permis d'émettre des réserves ? Le principal est que dans cette histoire de succession, répétons-le, le couple Le Pen n'a jamais été poursuivi. Ni pour abus de confiance. Ni pour captation d'héritage. Atmosphère ne veut pas dire preuve.

Quelques jours après ce coup médiatique en survient un second, révélé par *Le Monde*. Il suffit de lire la une : « Le président de la République prépare dans le plus grand secret une loi d'amnistie. » Le quotidien de référence précise : « Les élus du Rassemblement national, du MoDem et de La France insoumise seraient les principaux concernés. » Stupéfaction dans les états-majors des partis, c'est le branle-bas de combat. Quoi ? Le parti qui veut laver plus blanc s'autoamnistie ! Nous voici retournés quarante ans en arrière avec les affaires Urba, le financement du Parti socialiste, puis quelques années plus tard, les affaires des HLM de la ville de Paris du temps de Jacques Chirac.

Rejaillit le spectre de la loi d'amnistie du 15 janvier 1990 et de celle du 22 juillet 1988, si dévastatrices à l'époque pour le PS, le parti au pouvoir. Guillaume Larrivé, député (Les Républicains) de l'Yonne, twitte, dès 14 heures à la sortie du quotidien : « Bravo l'amnésie du RN qui oublie les dégâts catastrophiques causés par le PS dans les années 1980 » Olivier Faure, 1er secrétaire du PS, député de Seine-et-Marne, dit à peu près la même chose : « Désolé, mesdames et messieurs du RN, je ne voterai pas votre loi scélérate. » Quant aux partis visés, ils sont muets. Et contents. Le passage devant un tribunal correctionnel n'est jamais une partie de plaisir.

Que dit le texte, dont des extraits sont publiés par *Le Monde* ? En gros, que « les infractions financières commises directement ou indirectement à partir de 2010, dans le cadre d'un financement politique, par des élus ou des personnes non titulaires d'un mandat public, sont amnistiées. Ne sont pas compris dans le champ de l'amnistie les délits de fraude fiscale, de corruption et plus généralement d'enrichissement personnel. Les peines encourues ne doivent pas être supérieures à quatre ans d'emprisonnement ». Une loi généreuse. À La République en marche, on a compris qu'un élu, et pas n'importe lequel, serait exclu du pardon : Thierry Solère, député des Hauts-de-Seine et ex-conseiller du président de la République. Dans une procédure instruite à Nanterre, l'élu est, entre autres, suspecté de fraude fiscale. En revanche, pas de souci pour Alexis Kohler, ancien secrétaire général de l'Élysée dont le nom est cité dans une sombre histoire de conflit d'intérêts. Un dossier qui se perd depuis des années dans les méandres d'une justice trop lente. Venons aux trois dossiers chocs : ceux du MoDem, du Rassemblement national et de La France insoumise. Trois affaires similaires. Assez simples. Ces trois mouvements politiques sont soupçonnés d'avoir utilisé les deniers du Parlement européen pour financer les assistants parlementaires travaillant en réalité en France, au siège des trois partis. Ce qui en droit porte un nom : détournement de fonds publics. Le RN, par exemple, aurait ainsi bénéficié d'une manne financière européenne de 6,5 millions d'euros. À chaque fois, l'information judiciaire a été déclenchée grâce à des « balances » qui se sont vengées pour des raisons obscures. Avec cette loi qui devrait être votée d'ici la Noël 2022, plusieurs élus ou ex-élus embourbés dans des gymnastiques alambiquées devraient retrouver un casier judiciaire vierge. Ils ont nom, notamment : François Bayrou, Marine Le Pen, Wallerand de Saint-Just, trésorier du Rassemblement national.

Pourraient bénéficier du pardon, dans l'affaire des assistants parlementaires européens du Modem, quelques personnalités, comme Sylvie Goulard, éphémère ministre des Armées (un mois, en juin 2017), Michel Mercier, ancien garde des Sceaux, ex-trésorier du Modem ou Jean-Luc Benhamias, ancien secrétaire national des Verts.

Au titre de La France insoumise, Jean-Luc Mélenchon qui n'a toujours pas été entendu, à notre connaissance, pourrait lui aussi, *in fine*, être absous.

Éric Zemmour a-t-il joué finement en proposant cette loi d'amnistie ? En tout cas, il fait d'une pierre deux coups. Le texte blanchit les alliés de son camp et n'oublie pas les autres partis. Lesquels ne peuvent qu'être satisfaits.

Quelques semaines plus tard, l'amnistie est votée à une large majorité. Avec amertume pour le garde des Sceaux, Jean-Paul Garraud : il a eu beau batailler à l'Assemblée nationale, sur la recommandation pressante de l'Élysée, pour réintroduire la fraude fiscale dans le champ de l'amnistie, il ne parviendra pas à convaincre même les députés de la majorité présidentielle.

Juste après le vote de l'amnistie, dont l'unique objectif est de faire un cadeau à Marine Le Pen, en échange de son soutien, le gouvernement prend le pouls de l'opinion, *via* un sondage Fiducial pour *Paris Match* et *Sud Radio*. Trois questions sont posées à un panel représentatif :

1. Approuvez-vous ce texte ? 52 % sont pour ; 31 % contre ; 17 % sans opinion.
2. Quel est, selon vous, des trois partis concernés par cette loi le plus corrompu ? Pour 34 % des sondés, c'est La France insoumise ; 33 %, c'est l'alliance Rassemblement national-Reconquête à égalité, avec le MoDem (33 % également).
3. La République en marche est-elle plus corrompue que les trois mouvements cités ci-dessus ? Oui pour 48 % des personnes interrogées, non pour 35 %, 17 % étant sans opinion. Il s'agit là d'un score élevé pour le parti macroniste. Lequel s'explique par les soubresauts qui l'ont secoué. Que ce soit l'affaire Benalla, les dérives imprudentes de quelques députés et ministres, celles du président de l'Assemblée nationale, Richard Ferrand, de son prédécesseur, François de Rugy, perdu pour avoir trop aimé les homards, ou Françoise Nyssen, ministre de la Culture d'Édouard Philippe qui a négligé de déclarer aux monuments historiques les travaux effectués dans sa maison en Arles.

C'est l'un des enseignements de cette amnistie : l'opinion publique accepte plus facilement qu'il y a trente ans le pardon pour les élus. Derrière cette acceptation, on devine une lassitude. Aujourd'hui, les compteurs sont remis à zéro. Mais, le Rassemblement national et le gouvernement Wauquiez ne doivent pas oublier que c'est souvent le parti au pouvoir et ses fidèles qui se font pincer dans les affaires de corruption. Dans les années 1980, ce fut le PS ; dans les années 1990, le RPR ; puis La République en marche. En octobre 2022, le RN n'est aux manettes que depuis six mois. Il n'a pas eu le temps de se servir... Qui peut affirmer qu'il ne succombera pas à la tentation ?

CHAPITRE 11

HARO SUR LA CULTURE ET L'AUDIOVISUEL

Jean-Yves Le Gallou à la Culture. Mais pas sur les pas de Malraux ou Jack Lang. Le monde du spectacle, des arts, du cinéma, est en ébullition. À peine installé, le ministre reçoit une salve de critiques de la part de l'administrateur général de la Comédie-Française. Le directeur du festival d'Avignon, lui aussi, se rebiffe. Va-t-on imposer un art officiel ? À la télévision et dans les radios, l'ère Peyrefitte est-elle de retour ? En secret, un conseiller du ministre commence à faire le tri entre les bons et les mauvais journalistes. Selon quels critères ?

André Malraux, Jacques Duhamel, Michel Guy, Jack Lang… Et maintenant Jean-Yves Le Gallou. Un proche de Zemmour, ancien élève de l'ENA, ex-mégretiste, ex-député européen, pose ses bagages rue de Valois, face au jardin du Palais-Royal et des sculptures de Buren. Tous les lycéens n'ont pas oublié le légendaire « Que d'eau ! » de Mac-Mahon. Eh bien, notre nouveau ministre de la Culture, à peine installé, a eu ces mots : « Qu'elles sont laides ces colonnes de Buren ! À la poubelle ! » Une phrase que s'est empressé de reprendre *Le Canard enchaîné.* Le ministre n'aime pas Buren. C'est son droit. Est-ce nécessaire de le marteler dès sa prise de fonction ? Pour l'extrême droite, c'est une grande première que d'avoir en charge la politique culturelle de la France. La raison en est simple : ce parti n'a jamais attaché une grande importance à ce secteur. On comprend pourquoi : en France, le monde de la culture est résolument tourné à gauche. Peu ou pratiquement pas d'artistes, de comédiens, de peintres, de musiciens, éprouvent de la sympathie pour l'idéologie de l'extrême droite. Et s'il y en a, ils se gardent bien de le faire savoir.

C'est plutôt du côté des écrivains qu'il faudrait chercher, sinon des sympathisants, tout du moins des compagnons de route sur certains points. Tel est le cas d'un Michel Houellebecq dont les écrits sur la religion musulmane plaisent au nouveau ministre de la Culture.

Celui-ci parle cash. Il ne s'embarrasse pas de propos inutiles. Les colonnes de Buren seront sa priorité. Avec une autre qui donne le *la* à la nouvelle politique culturelle : un grand festival de chanson folklorique sera organisé, chaque été, au mois de juin, dans la ville de Perpignan, à la demande de son ami Louis Aliot, édile de la ville depuis mars 2020, avant d'être promu au Quai d'Orsay. Ces deux initiatives suscitent ricanements et moqueries mais aussi une véhémente opposition au sein du ministère. Deux directeurs, celui du théâtre et le secrétaire général, ont demandé à être relevés de leurs fonctions. Du côté du monde du spectacle durement secoué en 2020-2021 avec la crise sanitaire, l'hostilité est patente. Elle se manifeste à moins de cent mètres, à la Comédie-Française. C'est même une hostilité vigoureuse. Éric Ruf, l'administrateur général du Français, qui a appris que le ministre de la Culture ne souhaitait pas voir programmée, en 2023, *La Résistible Ascension d'Arturo Ui*, de Bertolt Brecht, fait part de son mécontentement dans une tribune libre publiée dans *Le Monde*. Il en profite pour rappeler que seul le comité de lecture du « Français » est habilité pour choisir de monter telle ou telle pièce. Ce coup de gueule prend un relief tout particulier quand on sait qu'Éric Ruf, à mille lieues de toute idéologie d'extrême droite, avait un père – il l'a révélé lui-même dans une interview – militant du Front national.

Olivier Py, le directeur, pour quelques mois encore, du festival d'Avignon, partage l'avis d'Éric Ruf. Interviewé par *Libération*, il déclare : « Je n'ai rien de commun avec Mme Le Pen, M. Zemmour et compagnie. Je ne vois pas comment le festival d'Avignon, avec un régime fascisant, pourrait suivre les traces de Jean Vilar, sans se renier. » Et l'homme de théâtre de poursuivre : « Je veux que mes successeurs aient toute latitude pour inviter une troupe, d'où qu'elle vienne, y compris du Venezuela, lâche-t-il, un brin provocateur… Le théâtre, ajoute-t-il, l'opéra, l'art, n'ont pas de frontières. Avignon n'est pas le lieu où l'on exclut, où l'on dresse des murs entre les hommes. »

Au moins, Roselyne Bachelot, la ministre de la Culture, a fait tout ce qu'elle a pu pour aider le monde des arts et du spectacle et démontrer qu'elle aimait son ministère.

Quand elle parlait d'opéra, on devinait vite que c'était une passionnée et une connaisseuse. Elle était sympa. Lui, Le Gallou, il ne rit jamais. On dirait qu'il travaille aux pompes funèbres, rigolent certains comédiens. Bref, ce n'est pas l'amour fou entre le successeur lointain de Malraux et le monde culturel. Cela dit, même l'emblématique et quasi légendaire ministre de la Culture du général de Gaulle, dont le discours lors du transfert des cendres de Jean Moulin au Panthéon, en décembre 1964, résonne encore dans les têtes, a lui aussi commis quelques écarts. Des fautes. Les comédiens les plus anciens n'ont pas oublié la façon dont il a lâché, en 1968, Jean-Louis Barrault, le directeur de l'Odéon. Oui, Barrault, l'un de nos plus grands hommes de théâtre du XXe siècle.

Le théâtre, ce n'est vraiment pas la tasse de thé du ministre de la Culture. Il a son théâtre et ses auteurs bien à lui. Quelques jours après sa reconduite comme ministre, au début de l'été, il réunit quelques journalistes, vers 17 heures. Parmi eux, les critiques du *Monde*, du *Figaro*, de *L'Opinion*, des *Échos*, de *L'Humanité*, des chaînes d'information continue, d'Europe 1, RTL, et de l'AFP. Mais de France Culture ou de France Inter, pas le moindre représentant. Un confrère en fait la remarque au ministre. Lequel ne se démonte pas : « Nous aussi nous voulons inventer le Nouveau Monde. Nous avons le droit d'inviter qui nous voulons au ministère. Pourquoi nous inviterions des journalistes qui, à longueur d'années, nous traitent de fascistes ? » Ambiance. Après un jus d'orange, l'atmosphère se détend.

Défilent les questions. Une d'entre elles préoccupe la presse : est-ce que le ministre va changer rapidement ses directeurs ? Il se montre rassurant. Pour le moment, il n'en est pas question, dit-il. Sauf que l'hémorragie commence à se faire sentir. Deux hauts cadres ont quitté le navire. D'autres vont suivre. Le Gallou aura beaucoup de mal à recruter des successeurs. *Quid* des directeurs des Centres dramatiques nationaux ? La programmation envisagée pour certains d'entre eux n'emballe guère le ministre. « Nous n'avons pas d'*a priori*. Nous nous ferons une idée au coup par coup », précise le ministre. Survient la question qui fâche : « Monsieur le ministre, avez-vous vu le film de Lucas Belvaux *Chez nous* ? » [Il s'agit de l'histoire d'une jeune infirmière plutôt de gauche, qui travaille dans les Hauts-de-France et finit par être élue maire, sous l'étiquette Front national. Cette élection aura pour conséquence de voir s'éloigner ses anciens camarades.] La question interloque le ministre. Il ne s'y attendait pas. Mais il répond : « Non, je ne l'ai pas vu. Mais le peu qu'on m'en a dit ne me donne guère envie d'y aller. Je me souviens qu'à sa sortie, en 2017, Florian Philippot avait qualifié le film de "dégueulasse". »

Un moment dans les cordes, le ministre précise : « Je ne vais pas tourner autour du pot. Nous voulons mener une politique culturelle qui plaise aussi bien aux personnes dites de gauche qu'aux personnes dites de droite. Nous ne pratiquerons aucun sectarisme. » Il poursuit : « Pour cette raison qui consiste à satisfaire tous les publics, je souhaite que l'on puisse subventionner au maximum les pièces, qualifiées souvent de boulevard. Je me souviens des pièces avec Jacqueline Maillan, Pierre Mondy, Daniel Ceccaldi, Michel Roux, etc., que l'on voyait au *Théâtre ce soir*. En ces temps de monotonie qui plombe le pays à cause de ce maudit Coronavirus, je crois que rire n'est pas inutile et nous fait du bien. » Et n'allez pas parler du rap au ministre. Là, il est sur le point de se raidir, à cause de la pauvreté de vocabulaire qu'il véhicule et de la haine du Blanc avec lequel il nous abîme les tympans… Mais surtout, il le dit presque à voix basse, le cosmopolitisme de ces rappeurs a tendance à l'exaspérer. Alors, chers journalistes, évoquez avec le ministre Édith Piaf, Jacques Brel, Michel Sardou, et vous verrez son visage s'illuminer.

Dans les bibliothèques municipales, le ménage sera fait. La gauche avait ses auteurs. La droite aura les siens. Dès le mois de septembre 2022, Jean-Yves Le Gallou adresse une lettre à tous les maires du pays étiquetés de droite ou Rassemblement national. L'objectif : qu'ils fassent preuve de prudence, de tact et d'objectivité dans l'achat de livres destinés aux bibliothèques. Une sorte de cadrage. Le ministre suggère ce qui est bien ou mal en matière de lecture. C'est ainsi qu'il déconseille les ouvrages de Christine

Angot, Frédéric Beigbeder, Virginie Despentes, ou du chercheur Michel Wieviorka.

Sur d'autres ouvrages, Jean-Yves Le Gallou le dit clairement : si d'aventure une bibliothèque compte *Le Capital* de Karl Marx, pas de souci, elle peut le conserver. Pourquoi ? Personne, en 2022, ne lit plus Karl Marx. Pas plus que *L'histoire de la Révolution russe* de Léon Trotski.

En ce qui concerne les romans, ceux d'Alexandre Dumas, Victor Hugo, Balzac, Jules Verne sont les bienvenus. Marcel Proust ? Ça va aussi. Pour les bandes dessinées, *Tintin* ou *Astérix* sont particulièrement recommandés. Pour les livres dits plus sérieux, ceux de Marcel Aymé, Hervé Bazin, Félicien Marceau, Jean d'Ormesson, Richard Millet, Michel Onfray, Jacques Chardonne, l'un des écrivains préférés de François Mitterrand, et l'historien Jacques Bainville, souvent cité par Zemmour, tiennent la corde. Michel Houellebecq et Renaud Camus, l'homme qui a inventé la théorie du grand remplacement, seront bien accueillis. Eux seuls ont compris où allait la planète.

Quant aux livres d'histoire, ceux qui évoquent la guerre de 14-18, ils doivent être bien en vue dans les rayonnages ; en revanche, les ouvrages ayant trait à l'Allemagne nazie, les camps de concentration et la déportation des Juifs, ils seront placés dans un lieu relativement discret de la bibliothèque. On ne peut, estime Le Gallou, faire sans cesse œuvre de repentance. Pour le ministre de la Culture, si l'on parle de la Shoah, on se doit aussi d'évoquer les victimes des Khmers rouges, le génocide des Arméniens, les assassinats du stalinisme et le sort subi par les chrétiens d'Orient.

L'abonnement du ministère aux divers organes de presse est un sujet sensible. Des abonnements au *Figaro*, *Le Monde*, *L'Opinion*, *Le Parisien*, *Valeurs actuelles* seront souscrits. Viendront s'ajouter à cette liste *Présent*, *Rivarol*, le journal de l'Action française, et *Éléments*, revue fondée en 1971 par le philosophe Alain de Benoist. Considérée comme très à droite, *Éléments*, dont l'antiaméricanisme et la défense de l'identité constituent le moteur, parle aussi d'écologie. Éclectique, elle accueille des auteurs très éloignés de la nouvelle droite, comme le philosophe Marcel Gauchet, Michel Maffesoli ou Jean-Yves Camus, politologue, spécialiste des mouvements d'extrême droite. Une consigne : le responsable de chaque bibliothèque devra se montrer économe sur les abonnements à *Libération*, et à la presse dite gauchiste, comme *L'Obs*. Pas de précipitation pour souscrire un abonnement à *La Croix*. En revanche, liberté totale pour *Le Point*, et dans une moindre mesure à *L'Express*. En matière d'abonnement, le ministre fait du neuf avec du vieux : il réitère les pratiques des municipalités frontistes élues en 1995, comme Marignane (Bouches-du-Rhône) qui avait remplacé *Libération* par *Rivarol*, un journal « ami ».

Un média restera tricard : *Mediapart*. Le ministre l'a dit et répété : « Nous ne souscrirons jamais un abonnement à ce journal qui n'a de cesse, depuis sa création, de nous assassiner par des articles de désinformation, dignes des pays de l'Est. Le trotskisme de M. Plenel est notre ennemi. Il le restera jusqu'à la nuit des temps… à moins qu'un miracle ne se produise : que M. Plenel, touché par la grâce, adhère à nos idées ou, à tout le moins, cesse de nous combattre avec violence. Après tout, poursuit Le Gallou, pourquoi désespérer ? Nous avons dans nos rangs quelques anciens trotskistes (le maire d'Hayange, Fabien Engelmann, Andréa Kotarac, ancien conseiller régional d'Auvergne-Rhône-Alpes) qui nous ont rejoints. »

Un mot sur la peinture. La droite extrême se montre souvent rétive au non-figuratif. Elle n'aime guère Picasso (à cause de son passé communiste et de la guerre d'Espagne ?), Miró, Soulages (il nous donne le cafard avec sa couleur noire), Christo (avec son emmaillotage du Pont-Neuf et récemment de l'Arc de Triomphe). S'il y en a une qui n'aime guère la peinture non figurative, c'est bien Marion Maréchal qui, comme beaucoup, « raille ces bobos qui s'extasient devant trois points rouges ».

En revanche, le figuratif a les faveurs du ministre de la Culture. Un peintre se situe au firmament : Degas. Ah ! les danseuses de Degas ! Le génie à l'état pur. C'est incontestable... Mais il a un défaut : il n'a jamais fait mystère de son antisémitisme. Comme il n'a jamais caché ses opinions antidreyfusardes. Au point de se brouiller avec son camarade du lycée Louis-le-Grand, Ludovic Halévy, qu'il ne reverra que sur son lit de mort, en 1908. Degas est un peintre de génie. Il démontre que l'art n'a rien à voir avec la politique. Mais ce sont les politiques qui ambitionnent de déterminer la valeur, le talent d'un artiste. L'extrême droite n'a jamais aimé Picasso, pour les raisons énoncées ci-dessus. *Idem* pour Aragon, immense poète, souvent décrié parce que stalinien. De même, la gauche, tout du moins une partie non négligeable, prenait Jean Anouilh avec des pincettes, parce que jugé réactionnaire, alors que c'est un immense homme de théâtre. Ceux qui ont vu jadis *Pauvre Bitos* avec Michel Bouquet ne pourront le contester. Que dire de Céline ? Écrivain antisémite, assurément. Cloué au pilori. Il a fallu que Fabrice Luchini lise, avec grâce, du Céline au théâtre pour que l'opinion prenne conscience du génie du reclus de Sigmaringen... Même la gauche s'y est mise !

Les extraordinaires comédiens que furent Jean Piat et Pierre Fresnay n'affichaient pas des idées progressistes. Pourtant, il est impossible de les oublier. Le premier pour *Les Rois maudits* à la télévision ou son interprétation de Cyrano de Bergerac à la Comédie-Française ; le second pour le rôle de Boëldieu dans *La Grande Illusion*. On pourrait citer Jean Vilar, directeur du Théâtre national populaire (TNP), proche de la gauche, initiateur d'un authentique théâtre populaire, qui révéla une génération d'acteurs dont on se souvient encore... Et qui sera cloué au pilori, dans l'effervescence et la folie des évènements de mai 1968.

La culture doit bouillonner. Jean-Yves Le Gallou a-t-il cette ambition à son arrivée rue de Valois ? En tout cas, les rares idées qu'il a lancées avant l'élection d'Éric Zemmour ne sont pas faites pour rassurer. N'a-t-il pas dit qu'à travers la culture, il fallait relancer l'identité française ? Il ne croit pas à l'universalité de l'art. En fin de compte, la politique culturelle du nouveau pouvoir serait axée autour de trois grandes idées : 1. Montrer que la France est « grande et belle » quand elle protège la langue française et promeut la francophonie. 2. Maintenir des œuvres d'art en France et éviter de les vendre à des puissances étrangères. 3. Organiser chaque année un grand salon de « l'art caché » au Grand Palais pour permettre à des artistes amis d'exposer leurs œuvres ! Comprenne qui pourra pour l'expression « art caché » ! À gauche, et même à droite, on s'interroge sur les intentions à plus long terme de Jean-Yves Le Gallou. Quelle va être sa position sur les artistes étrangers ? Seront-ils choisis en fonction de leur origine lors des expositions ? L'occupant de la rue de Valois souhaite-t-il encourager dans le domaine de la peinture, le local et les paysages ? Souhaite-t-il que les pouvoirs publics, à la façon du maréchal Pétain, marquent de leur empreinte l'art français ? Le ministre semble avoir des goûts plutôt conformistes. Il n'ignore pas qu'avec les artistes, on marche sur des œufs. Aussi est-il peu vraisemblable que le président Zemmour fasse tirer des portraits géants de sa personne lors des manifestations officielles, à la manière du maréchal. Ultime interrogation, anecdotique au temps du numérique : le ministère de la Culture, au nom des valeurs traditionnelles, d'un passé aimé des enfants, va-t-il relancer la philatélie ? Le maréchal y était très attaché. Dès 1940, un concours est ouvert. Une centaine de maquettes sont présentées sur le thème de l'effigie du nouveau chef de l'État... Qui le sait ? Il est de tradition qu'un timbre à l'image du chef de l'État ne soit émis qu'à sa mort et jamais de son vivant. Eh bien, Pétain n'en tiendra pas compte. Comme seul, avant lui, Louis Napoléon Bonaparte.

Dans l'audiovisuel, le changement sera brutal. Au cours de sa campagne, Éric Zemmour s'était montré très clair : l'audiovisuel, trop inféodé au pouvoir politique, sera privatisé pour recouvrer une réelle indépendance. Au fil des mois, comprenant l'intérêt, comme ses prédécesseurs, de pouvoir compter sur une télévision et une radio à sa main, il opérera un virage à 360°. On ne touchera pas au service public... sauf qu'on changera les règles du jeu.

Dès la fin septembre 2022, un projet de loi sera discuté à l'Assemblée nationale dont l'objectif caché – mais tout le monde a compris – est de reprendre en main l'audiovisuel public. Pour y parvenir, le Conseil supérieur de l'audiovisuel (CSA) sera supprimé. Remplacé par une Haute Autorité de la radio et de la télévision (HART), composée de représentants de l'État et d'organisations syndicales : deux seront désignés par le ministère de la Culture, deux par le porte-parole du gouvernement et deux par les syndicats de l'audiovisuel. Le président de la Haute Autorité sera nommé par le président de la République. Avec une telle composition, ceux qui croient à l'indépendance de la Haute Autorité sont de gentils naïfs. Qui pour la présidence ? Qui pour remplir cette mission ? Des noms circulent. Ainsi, celui de Gilles-William Goldnadel, avocat de renom, polémiste de talent, capable de faire un retour sur lui-même, que l'on aperçoit fréquemment dans *L'heure des pros*, animé par Pascal Praud. Circule également celui de Michel

Onfray. Avant même l'évocation publique de leurs noms, ces deux-là ont répondu non.

La Haute Autorité de la radio et de la télévision désigne les dirigeants des radios et télévisions. On l'a compris, le semblant d'indépendance martelé par feu le CSA disparaît totalement. Nous voilà revenus au temps du général de Gaulle et d'Alain Peyrefitte ! Et, avec lui, le retour aux grandes émissions de variétés – nous pensons à Maritie et Gilbert Carpentier. C'est dire que certaines émissions de la télévision publique, comme *Envoyé spécial*, émission phare de France 2, animée par Élise Lucet, réputée pour sa pugnacité, risquent de connaître des jours difficiles. Patrick Cohen, qui a eu plusieurs prises de bec avec l'extrême droite, risque d'être « blacklisté » sur les chaînes du service public, à moins que des confrères courageux – s'il y en a – volent à son secours. Il y a quelques années, le RN avait refusé l'entrée d'un journaliste du *Petit Journal* à un congrès qui se déroulait à Lyon. Le motif ? Respect des règles de sécurité. Ce qui était bidon. Une autre fois, ce fut *Mediapart*, mis sur le bas-côté de la route à la suite d'une enquête sur le financement du FN par la Russie. Réponse du berger à la bergère. *Mediapart*, qui organisait des débats avec tous les candidats à la présidentielle, c'était en 2012, décidera de se passer de la candidate Le Pen.

Quant à Laurent Ruquier, autre tête de Turc de la droite extrême, son sort est quasi scellé ! Ses jours sur France 2 risquent d'être comptés. N'avait-il pas lancé à Florian Philippot, au cours de l'émission *On n'est pas couché* : « Le jour où vous arriverez au pouvoir, vous me virerez ! »

Entre le Front national, puis le RN, la droite extrême en général, et l'animateur, il n'y a jamais eu de lune de miel. Les relations ont toujours été tendues.

En janvier 2012, lors de l'émission *On n'est pas couché (France 2)* Ruquier avait diffusé une caricature de Marine

Le Pen, parue dans *Charlie Hebdo*, la comparant à un excrément. Après une longue procédure, la cour d'appel de Paris, puis la Cour de cassation relaxeront deux fois Ruquier, estimant que la comparaison ne dépassait pas les limites de la liberté d'expression.

Tout nouveau pouvoir attache une grande importance à l'information, surtout celle de la télévision d'État. Il veut l'avoir à sa botte (voir plus haut le rôle d'Alain Peyrefitte). Giscard n'y a pas échappé. Pas davantage François Mitterrand, qui a placé, en 1981, des journalistes amis à la tête des chaînes de télévision. On l'a oublié : Mitterrand a même fait recruter des journalistes communistes à la télévision. Chirac lui a emboîté le pas. Nicolas Sarkozy avait ses chouchous parmi les journalistes. Éric Zemmour pourra compter sur les journalistes amis du *Figaro*, de CNews, de TV Libertés, de *Valeurs actuelles* et son directeur de la rédaction Geoffroy Lejeune[1].

Le président Macron a débuté son mandat en manifestant un dédain évident à l'encontre des journalistes. Qui ne se souvient pas de sa volonté de créer, en 2018, un ordre des journalistes qui veillerait à la déontologie de la profession ? Il ira jusqu'à imaginer l'instauration de référents dans les organes de presse, dont la mission aurait été de dire ce qui est bon ou pas à publier. Ce sera un tollé. Le secrétaire d'État chargé du Numérique, Cédric O, porteur de ce farfelu projet, finira par y renoncer. Aujourd'hui, avec l'élection d'Éric Zemmour, ce projet revient à la surface. L'un des porte-parole du RN, Laurent Jacobelli, un ancien de Debout la France, est chargé de faire des propositions. Jacobelli, que l'on voit souvent sur les chaînes

1. Le fantasme de la « presse gauchiste » a bonne presse, dans *Le Canard enchaîné* du 20 octobre 2021, par Christophe Nobili.

d'information continue, sait qu'il marche sur des œufs. Aussi se hâte-t-il lentement. D'autant que des manifestations imposantes se sont déroulées dès le mois de juillet tant à la Maison de la radio que sur les chaînes du service public… La raison : une rumeur circulait, annonçant comme certain le retour d'un ministère de l'Information, avec à sa tête Patrick Buisson… En réalité, il s'agissait d'un ballon d'essai venant d'un des conseillers de l'Élysée pour tâter le pouls des journalistes. Il paraît que le chef de l'État n'a pas mis une croix sur ce projet. Si le retour d'un ministère de l'Information ne se fera pas demain, en revanche, un autre projet avance : la création d'un quotidien pouvant intéresser un spectre de lecteurs dépassant largement celui des militants. Du côté de l'Élysée, on ne le cache pas : c'est un impératif, tant, estime-t-on, la presse est gangrenée par le gauchisme (voir *Libération*, *Mediapart*, voire *Le Monde*)… Quand elle ne l'est pas, comme *Le Figaro*, elle ne se prive pas de critiquer l'action gouvernementale. Subsiste une question : qui financera ce journal, qui pourrait s'appeler *Le Quotidien national* ? Dans l'entourage du président, on a une solution toute prête : le recours à une vaste campagne de souscription.

CHAPITRE 12

LES JOIES DU POUVOIR

Octobre 2023. Voilà dix-huit mois que l'ancien polémiste occupe l'Élysée. Le ministre de l'Intérieur s'attelle à deux questions clés : la sécurité dans les villes et les fameuses OQTF (obligations de quitter le territoire français). Elles sont peu exécutées. Il commet une bourde. En traitant de « con » et de « petit voyou » un gosse de 15 ans tué dans des circonstances peu claires par un policier. L'agitation gagne le pays.

La situation se dégrade. Bon nombre de hauts fonctionnaires traînent les pieds. Le régime ne leur plaît guère. Surtout du côté des préfets et des conseillers d'État, très attachés aux libertés publiques. L'Éducation nationale est en effervescence. Les instituteurs exigent une revalorisation de leurs salaires, sinon ce sera la grève. Dans les hôpitaux, les infirmières et aides-soignantes sont toujours aussi mal payées. Les classes modestes voient, d'année en année, fondre leur pouvoir d'achat. L'essence, avec ces maudites taxes, coûte de plus en plus cher. Pour les habitants des zones rurales, contraints de posséder une voiture, voire deux, pour se rendre à leur travail, c'est une catastrophe.

La France compte près de 10 millions de pauvres. Contrairement à ce qu'il avait annoncé durant sa campagne, le nouveau chef de l'État consent à une augmentation du SMIC. À peine 2 %. Une misère. Dans une interview au *Figaro*, le président Zemmour annonce encore que chaque famille disposant de moins de 2 000 euros de revenus mensuels, si elle compte plus de 3 enfants, percevra 300 euros, à titre d'allocation exceptionnelle pour les fêtes de Noël. Toujours cette politique d'assistanat…

Ici et là, quelques tensions apparaissent lors de matchs de football entre jeunes de 13-14 ans. Ainsi, l'après-midi d'un dimanche d'octobre, au stade de Gennevilliers, une rencontre entre l'Olympique de Neuilly et le club local dégénère. Cela commence par des quolibets adressés aux « bourges » de Neuilly par les joueurs gennevillois. Lors du match, le jeu est dur. Les tacles très agressifs. Les coups pleuvent entre joueurs. On est au bord de la bagarre généralisée. La police doit intervenir. L'arbitre se voit contraint de stopper le match en seconde mi-temps. Depuis la rentrée 2023, c'est la dixième fois qu'un match de foot entre jeunes est arrêté.

Fin octobre, nouvel accès de fièvre. Un adolescent du Val Fourré, âgé de 15 ans, plusieurs fois condamné pour divers trafics et vols dans les grandes surfaces, est interpellé. L'arrestation se passe mal. Des jeunes, avertis, accourent. L'un d'entre eux menace un policier avec un couteau. Il s'approche de plus en plus. « Lâche ton couteau, gamin », lui lance le policier. L'ado est à quelques mètres du policier. Il s'avance… Le policier lui demande à nouveau de lâcher son couteau. Refus. L'ado, qui est à deux mètres, avance. Le policier tire. Le jeune est atteint au thorax. Grièvement blessé. Conduit à l'hôpital Bichat, il meurt dans la nuit. Un drame pour une famille qui perd un fils. Un drame pour le policier, toujours bien noté, qui n'est en aucun cas une brute. L'Inspection générale de la police nationale (IGPN) est chargée d'y voir clair. Avec cette interrogation, obsédante : le fonctionnaire de police était-il en situation de légitime défense ?

Le ministre de l'Intérieur, Gilles Platret, déclare : « Il n'avait qu'à pas faire le con, ce petit voyou ! » La phrase de trop… Les images prises sur le lieu du drame passent en boucle. En quarante-huit heures, c'est l'embrasement. Une manifestation monstre, à l'appel de l'ensemble des syndicats et des partis politiques de gauche – du moins ce qu'il en reste –, a lieu de la République à la Nation. Manifestation davantage dirigée contre le ministre que contre le policier. Dix mille personnes y participent. En province, à Nantes, Bordeaux, Rennes et Marseille, la mobilisation est identique. Les slogans entendus ? « Démocratie », « Platret démission » ou tout simplement « Liberté, Égalité, Fraternité ».

Le ministre de l'Intérieur, en traitant de « petit voyou » et de « con » l'adolescent qui vient d'être tué, commet une erreur. À l'image de celle de Robert Pandraud, ministre délégué auprès du ministre de l'Intérieur qui, en 1986, à l'occasion de la mort d'un étudiant, Malik Oussekine, tabassé par les brigades motocyclistes de la préfecture de police, avait eu cette phrase : « Quand on est sous dialyse, on ne manifeste pas. »

En privé, devant les membres de son cabinet, le ministre confesse sa maladresse verbale. Du côté de l'Élysée, quelques conseillers toussent. Dans l'opposition, les commentaires sont à peu près identiques. C'est Manuel Valls qui déclare : « M. Platret se coule parfaitement dans les pas de Robert Pandraud. » Puis, l'ancien Premier ministre, conscient d'avoir lâché son commentaire un peu trop vite, se reprend : « Soyons prudents sur ce drame dont nous ne connaissons pas tous les aboutissants. Attendons les conclusions de l'enquête de l'IGPN (Inspection générale de la police nationale) pour connaître les conditions exactes dans lesquelles l'adolescent a trouvé la mort. » Adrien Quatennens, député du Nord de La France insoumise, va un peu plus loin que l'ancien Premier ministre : « Les propos de Gilles Platret prouvent une fois encore que le régime dans lequel nous vivons depuis quelques mois est indigne de la France qui se veut la patrie des droits de l'Homme. » Damien Abad, réélu président du groupe LR à l'Assemblée nationale, se déclare choqué par la sortie verbale du ministre de l'Intérieur, et en profite pour ironiser sur « la France, patrie des droits de l'Homme que nous servent les élus de La France insoumise à chaque occasion… ».

Le ministre de l'Intérieur est tenace. Il ne se laissera pas intimider par qui que ce soit. Il attend les conclusions de l'enquête de l'IGPN sur le rôle exact de la police dans cette dramatique histoire. Un mois plus tard, l'IGPN rend son verdict : le policier s'est trouvé dans une situation de contrainte. Il était réellement menacé. Le ministre respire.

Action, ordre, sécurité. Éric Zemmour a été élu sur ce triple credo. Témoin, la décision prise de créer une brigade de police spécialisée dans la lutte contre les vols commis à domicile avec violence. Il s'en commet une dizaine par semaine, soit environ 3 500 par an. Or, les agresseurs ne sont que rarement retrouvés. La création d'une telle brigade est née de l'agression sauvage, dans leur maison de Seine-et-Marne, dont ont été victimes, l'année dernière, les époux Bernard et Dominique Tapie. Une agression dont la France entière a découvert les photos terrifiantes.

Dans l'immédiat, l'hôte de Beauvau s'attelle à un projet qui lui tient à cœur ainsi qu'au président. Au cours de la campagne présidentielle, le candidat Zemmour a été ferme : immigration contrôlée, faire partir du territoire français les 330 000 étrangers en situation irrégulière. Un sacré boulot. Chaque année, les expulsions coûtent au budget de l'État 500 millions d'euros, ce qui n'est pas négligeable. À cela s'ajoute l'épineuse question des OQTF (obligations de quitter le territoire français). Ces dernières ne sont appliquées que très partiellement. Jugez plutôt. En 2008, 42225 OQTF ont été prononcées, 7,2 % ont été exécutées. En 2011, 59994. Sur ce nombre, 10016 ont été exécutées, soit 16,7 %. En 2013, 88940 ont été prononcées, 15213 exécutées, soit 17 %... En 2018, le chiffre explose, 152000 OQTF ont été prononcées et un peu moins de 20 % exécutées. Pourquoi cette application très parcellaire de la loi ? Simplement, parce qu'un autre texte interdit d'expulser un individu qui se trouve sous contrôle judiciaire. D'où des drames. Comme celui qui a eu lieu en juillet 2020 à Nantes. Ce jour-là, un prêtre du diocèse de Nantes, Olivier Maire, est assassiné par un réfugié rwandais Emmanuel A. qui se trouvait sous le coup d'une OQTF. Pourtant, il ne pouvait être contraint de partir. Pourquoi ? Parce que, soupçonné d'avoir mis le feu à la cathédrale de Nantes, il se trouvait sous le coup d'un contrôle judiciaire qui lui interdisait de quitter la France. C'est loi contre loi. Absurde. La sénatrice Nathalie Goulet (UDI-Orne) s'est saisie du problème en déposant une proposition de loi qui permettrait que toute OQTF, à de rares exceptions près, soit exécutée. Avec la mort tragique du père Olivier Maire, Gérald Darmanin avait pris conscience des difficultés à exercer ses fonctions de premier flic de France. À peine arrivé place Beauvau, Gilles Platret sera confronté à une agitation sans précédent dans les centres de rétention administrative.

À plusieurs reprises, des bagarres éclatent dans ces lieux, entre Albanais et ressortissants de l'Afrique subsaharienne. Les forces de police parviennent à maîtriser la situation. Mais quand ce phénomène se produit dans 5 ou 6 centres à la fois, l'inquiétude grandit dans les préfectures. On manque de policiers. La population s'interroge. Y a-t-il du changement par rapport à la présidence Macron ? Le gouvernement Wauquiez s'apprête à faire voter une loi qui permettrait d'expulser plus facilement les délinquants étrangers. Comment ? En raccourcissant les délais d'appel en matière d'OQTF ou en les supprimant carrément. Voilà qui promet affrontement et colère au Parlement, surtout au Sénat, très pointilleux en matière de libertés publiques. Quant aux organisations non gouvernementales (ONG) chargées de faire respecter les droits des immigrés – même en situation irrégulière –, elles sont toujours prêtes à accompagner devant la Cour européenne des droits de l'homme les personnes déboutées par les juridictions françaises. Et elles gagnent. Résultat ? C'est l'impasse, puisque le droit communautaire prime sur le droit national. Que faire ? S'inspirer de la Cour constitutionnelle polonaise qui vient de juger que le droit interne polonais n'a pas à se soucier de la justice européenne. Une décision applaudie par le candidat Zemmour qui rêve que la France imite la Pologne. Et qu'elle ne soit plus contrainte d'appliquer le droit européen mais le droit national. Pour y parvenir, Jean-Éric Schoettl, juriste éminent, secrétaire général du Conseil constitutionnel pendant dix ans (1997-2007), propose de renverser la table[1]. En clair, il suggère de s'affranchir des 5 cours suprêmes, nationales et européennes[2], qui constituent un frein, ici pour l'expulsion d'étrangers, là pour contrôler le phénomène migratoire, là encore pour dissoudre des asso-

1. Il s'agit du Conseil constitutionnel, du Conseil d'État, de la Cour de cassation, de la Cour de justice de l'Union européenne et de la Cour européenne des droits de l'homme.

2. Voir *Le Figaro* du 22 octobre 2020 : « Terrorisme, islamisme : desserrer nos contraintes juridiques pour agir enfin », interview de Jean-Éric Schoettl par Guillaume Perrault.

ciations trop proches de la mouvance islamiste. Aussi, Jean-Éric Schoettl propose-t-il d'inscrire dans la Constitution la possibilité, pour le Parlement, de « passer outre » aux jurisprudences paralysantes des cinq cours évoquées ci-dessus. Dans un tel climat, c'est le moment pour un tel chamboulement. Le nouveau président est au pied du mur... Lui qui parle à longueur de temps de souveraineté, d'indépendance, de gaullisme, va-t-il avoir l'audace de suivre les recommandations de l'ancien secrétaire général du Conseil constitutionnel ?

Deuxième préoccupation du ministre : la refonte totale des centres éducatifs fermés (CEF). Créés en 2002 par Dominique Perben, alors garde des Sceaux, ces établissements, dépendant de la protection judiciaire de la jeunesse (PJJ), seront rattachés désormais au ministère de l'Intérieur. Au nombre de cinquante sur le territoire national, ils accueillent chacun une quinzaine de jeunes délinquants de 13 à 18 ans, ayant commis des infractions graves (braquages, meurtres, agressions sexuelles, etc.). L'idée en soi n'est pas mauvaise. Ces structures bénéficient de psychologues, d'un psychiatre, d'éducateurs spécialisés. Ces établissements déçoivent. Les résultats ne sont pas au rendez-vous. Les fugues sont fréquentes. Ces jeunes gens sont mal occupés : soit ils jouent au football, soit ils traînassent comme des âmes en peine, ou font les courses avec les éducateurs ! Des bagarres éclatent souvent entre les pensionnaires.

Bref, il est difficile de trouver un équilibre entre le pénal et l'éducatif. Il ne faut pas perdre de vue que ces jeunes sont condamnés pour des faits très graves. À cela s'ajoute un phénomène gênant : le copinage entre éducateurs et jeunes délinquants. Tant et si bien qu'on ne sait plus qui fait quoi. Le locataire de la place Beauvau décide de mettre, en accord avec le garde des Sceaux, à la tête des CEF des policiers ou des militaires proches de la retraite. Les activités sportives seront développées. On fera appel à quelques sportifs de haut niveau qui devront être une référence pour les pensionnaires des CEF. On tentera de développer des actions artistiques, comme le théâtre, la musique ou la peinture. Des cours de langues sont prévus. Pourquoi pas aussi des cours d'instruction civique ?

Autant que possible, ces jeunes devront reprendre leur scolarité. Hélas ! La mayonnaise ne prend pas. Les CEF ressemblent trop à des garderies. Il y a plus inquiétant : de nombreux éducateurs – si l'on en croit un rapport de la direction de la protection de la jeunesse – se livrent à du prosélytisme sur les adolescents. Dans certains CEF, les jeunes mineurs se voient imposer de la nourriture hallal sans que leurs parents aient donné la moindre autorisation. On en arrive à des situations ahurissantes qui mettent à bas la sacrosainte notion de neutralité dans les services publics. C'est, par exemple, toujours selon le rapport de la PJJ, « un éducateur qui refuse d'aller à la piscine par peur que de l'eau ne rentre par la bouche en période de ramadan ». Ce sont « des éducateurs qui refusent de serrer la main à leurs collègues féminines ». Une situation déjà rencontrée à la Régie autonome des transports parisiens (RATP). Ce sont, enfin, « des personnels qui, au cours des repas, s'expriment en arabe en présence de collègues ou pensionnaires qui ne parlent pas cette langue ». Un tel phénomène s'est développé en raison d'un recrutement pas assez cadré, qui faisait appel à des jeunes des quartiers à la formation insuffisante, peu enclins à respecter les valeurs de la République.

Il arrive que des éducateurs soient violentés. La discipline sera renforcée. Les pensionnaires devront être au lit à 22 heures. Ils se lèveront à 6 h 30. Ils prendront leur petit déjeuner jusqu'à 7 h 30, heure à laquelle se déroulera le

Salut aux couleurs. En soi, l'initiative n'a rien d'absurde : chaque jeune doit avoir le sentiment d'appartenir à la communauté nationale. Sauf que dans ces centres, ils sont peu nombreux, voire inexistants, ceux qui revendiquent cette appartenance. Ce n'est pas leur problème. De plus, certains éducateurs n'apprécient guère cette levée des couleurs, qui renvoie quatre-vingts ans en arrière, au temps de la Révolution nationale du maréchal Pétain.

Autre projet, l'installation en masse de caméras de surveillance dans les villes. Pendant des années, les municipalités de gauche ont manifesté une grande hostilité à la vidéosurveillance. Au nom du respect des libertés publiques. De l'atteinte à la vie privée. C'était l'époque où la gauche le criait haut et fort : en France existe un sentiment d'insécurité… mais pas d'insécurité. Un credo qui éliminera Lionel Jospin du second tour de la présidentielle de 2002, au profit de Jean-Marie Le Pen.

Au fil des ans, la gauche a suivi. Les LR ont suivi. Pendant ce temps, le RN caracole en tête, servi par une délinquance de plus en plus féroce, des rixes entre jeunes de 13-14 ans, des viols, le saucissonnage de personnes âgées, les agressions des pompiers lors de leurs interventions. Sans oublier les policiers qui se demandent, chaque jour, dans quel état physique ou psychique ils vont se trouver à la fin de leur service… Tous les sondages le montrent, en juillet 2021 : Marine Le Pen, avec 25-26 % des intentions de vote au premier tour de la présidentielle, est la plus qualifiée pour lutter contre la délinquance, juguler l'immigration et redonner confiance aux Français. Quelques semaines plus tard, Marine Le Pen dévisse. Elle n'est plus qu'à 15 %, dépassée par Éric Zemmour qui est à 17-18 %. La suite, on la connaît…

Nommé place Beauvau sur insistance du président, Gilles Platret met le paquet sur la sécurité. Comme il l'a fait depuis 2014 lorsqu'il conquiert la mairie de Chalon-sur-Saône. Il annoncera dans quelques jours que toute municipalité qui s'équipera de caméras de surveillance ou armera sa police municipale touchera une prime – selon l'importance de sa population – comprise entre 10 000 et 30 000 euros. Cette prime devra avoir pour objet d'aider le club sportif de la ville ou de financer un club ou un foyer du troisième âge.

Le candidat Zemmour l'a promis : l'État investira 2 milliards d'euros dans le domaine de la sécurité. Une partie de ce budget servira à régler les frais d'expulsion des étrangers en situation irrégulière ou condamnés pour divers crimes et délits. Désormais, la France ne se souciera plus du sort réservé à l'expulsé lors de son retour dans son pays d'origine. Ce qui est une rupture totale avec les pratiques antérieures en vigueur sous tous les gouvernements de droite et de gauche. Même si les temps sont durs pour les nouveaux maîtres du pouvoir, cela n'empêche pas certains de se réjouir définitivement de la victoire de l'extrême droite, comme ce proche conseiller du président : « Comment ne pourrions-nous pas nous réjouir de cette victoire ? Vous vous rendez compte, que de chemin parcouru depuis vingt ans ! Le diable a déserté le FN, puis le RN. Pétain est rayé (il s'avance un peu vite)… Il y a même des gaullistes chez nous, ce qui eût été impensable au moment de la guerre d'Algérie. Des gens de chez Mélenchon frappent à notre porte. Des anciens du PC aussi. Notre président est juif. Notre électorat est populaire, certes, mais nous attirons des cadres et une partie de la bourgeoisie patriote. Nous devons réfléchir à l'établissement de nouvelles relations sociales dans l'entreprise. Selon un sondage Ifop pour *Le Monde* d'avril 2021, 29 % des jeunes de 25-34 ans votent pour Marine Le Pen. » Le conseiller poursuit : « Sur le plan programmatique, nous n'avons pas abordé les grands sujets de société, comme l'euthanasie, l'allongement du délai de l'IVG, ou la réflexion indispensable sur la santé.

L'Europe ne doit plus être notre principale préoccupation. Notre programme économique, qui ne plaide plus pour une coexistence du franc et de l'euro, et heureusement, doit être travaillé et retravaillé. Au fond, Éric Zemmour n'a gagné que sur un seul thème : la sécurité, qu'il a déclinée ainsi, lutte contre le terrorisme, immigration, et islamisme. »

En France, ces temps-ci, être au pouvoir n'est pas une promenade de santé. La démonstration va être apportée, une nouvelle fois, de façon brutale, alors que le procès des attentats du 13 novembre 2015 n'est pas achevé. Alors que les journalistes de la télévision – mais aussi de la presse écrite – nous ont livré des témoignages poignants des parties civiles.

Il est 20 h 15, ce 29 octobre. Ce soir-là, la Comédie-Française s'apprête à donner une représentation de *Cyrano de Bergerac* de ce cher Edmond Rostand. Les spectateurs se pressent dans le hall afin de rejoindre leur place. Le ministre de la Culture, Jean-Yves Le Gallou, est attendu. C'est sa première sortie officielle. Une façon d'enterrer la hache de guerre avec l'administrateur du Français, Éric Ruf, furieux que le ministre ait souhaité se mêler de la programmation. Ce soir donc, c'est *Cyrano*. Tout le monde l'aime ce héros français par excellence. Courageux, bravache, romantique.

20 h 19. Une explosion violente retentit dans le hall du théâtre. On entend des cris. Des gens sortent le visage en sang, les vêtements déchirés. Hagards. Trois minutes plus tard retentit une seconde explosion juste devant la station de métro Palais-Royal. Il y a des morts. Peut-être 4. Sans doute plus. Le ministre est indemne. C'est lui qui appelle les secours et prévient l'Élysée et le ministère de l'Intérieur. En six minutes, ambulances, camions de pompiers – la caserne est rue Molière, à 100 m du théâtre –, voitures de police surgissent à toute allure, envahissant la place située

devant le Conseil d'État. Il faut s'occuper des blessés coupés par les vitres aux alentours qui se sont volatilisées. Défilent les minutes. Un carnage. Déjà 14 morts. En quelques secondes reviennent à la mémoire des policiers, des badauds sidérés tous ces attentats qui ont ensanglanté la France ces dernières années : Merah, *Charlie Hebdo*, la tuerie des terrasses, le Bataclan, le Stade de France, le meurtre à la préfecture de police… La barbarie du terrorisme est de retour. Les gouvernements sont impuissants à l'éradiquer. Ceux de droite. De gauche. D'extrême droite. 20 h 30. Une cellule de crise se réunit à Beauvau en présence d'Éric Zemmour, du ministre de l'Intérieur, Gilles Platret, de Sarah Knafo, du préfet de police, du procureur national antiterroriste, ainsi que de toutes les huiles de la PJ et du renseignement.

20 h 45. Le président, en compagnie de Platret, arrive à la Comédie-Française, qui a annulé la représentation. Toutes les chaînes de télé, de radio, les journalistes de la presse écrite, attendent son intervention. À côté d'un ministre livide, le chef de l'État prend la parole : « Une fois encore, notre pays est lâchement attaqué par des forces jaillies tout droit de l'obscurantisme. Une fois encore, des forces totalitaires s'en prennent à des innocents. Nous ne nous laisserons pas faire. Il y va de la survie de notre démocratie et de notre civilisation. J'adresse toute ma compassion aux victimes et à leurs familles. Je vous le promets : nous mettrons tout en œuvre pour retrouver les assassins. Vive la République ! Et surtout, vive la France ! »

21 h 20. Sur CNews et BFM TV, un garçon de café du Nemours, le lieu fétiche des comédiens-français, affirme avoir vu une femme, au moment de la première explosion, crier « *Allahu akbar* ». En quelques secondes, elle s'est

volatilisée, engouffrée dans le métro. Un employé de *Delamain*, l'une des plus vieilles librairies de Paris – elle existe depuis 1708 – qui se trouve en face du Français, alors qu'il range ses étals, a vu lui aussi une femme, voile sur la tête, descendre à toute allure dans le métro.

22 heures. Le ministre de l'Intérieur dresse un nouveau bilan de l'attentat : 17 morts. Trois de plus qu'il y a une heure. Trente-huit blessés, dont 3 en urgence absolue pris en charge par le service d'aide médicale urgente (Samu) dans la cour du Conseil d'État transformé en hôpital de campagne. Un silence pesant envahit la place Colette. Attablé au café *Le Nemours*, on aperçoit le chef de l'État, visage décomposé. Pratiquement muet. Spectacle surréaliste.

À 23 heures, accompagné du ministre de l'Intérieur, il retourne à l'Élysée. Il va y dormir. Ou plutôt essayer. 1 heure du matin, un appel sur son portable. C'est Gilles Platret : « Nous avons identifié la jeune femme à l'origine de l'attentat grâce aux caméras disposées sur le pourtour du théâtre. Mais surtout, dans sa fuite, elle a laissé tomber son portable sur les marches de la station de métro. C'est une Syrienne, entrée il y a un mois sur le territoire. Elle avait pourtant l'ordre de quitter le territoire. Elle vit à Molenbeek – la commune limitrophe de Bruxelles, plaque tournante du terrorisme islamiste –, son compagnon est également syrien. Les Belges ont promis d'aider les autorités françaises et de faire tout ce qui est en leur possible pour l'interpeller.

— Merci, mon cher Platret, vous voyez, je n'aurais jamais cru que notre tâche serait si compliquée. Je comprends ce soir qu'existe un fossé entre la conquête du pouvoir et son exercice. Je vais vous faire une confidence : je pense à Hollande, qui a affronté les attentats de janvier et de novembre 2015. Cela a dû être terrifiant. Appelez-moi dès que vous avez du nouveau. À propos de cette Syrienne, tâchez de savoir pourquoi n'a-t-elle pas été expulsée ? »

2 heures du matin. Coup de fil… masqué. Le président se trouve à l'Élysée. Seul. Il décompresse en regardant en replay *Tout le monde veut prendre sa place*, émission phare de France 2, diffusée à l'heure du déjeuner, présentée désormais par Laurence Boccolini… « Tu dors, Éric ? entend-il sur le répondeur de son portable. C'est Mylène. » Incroyable ! Il n'a pas eu de contact avec son épouse depuis quelques jours. Que veut-elle ? Le président rappelle. C'est Mylène : « Ah ! Je suis contente de t'entendre. Tu n'es pas trop secoué par cette soirée ? Tu sais pendant la guerre d'Algérie, il y a eu des choses tout aussi horribles. Pourra-t-on un jour s'entendre avec les musulmans, même les plus modérés ? Bon, je te laisse. Prends soin de toi… Les enfants t'embrassent. »

Le lendemain, vers midi, un communiqué de l'État islamique est envoyé au bureau de Bruxelles de l'AFP : « Nous ne laisserons jamais les sionistes de la bande Zemmour-Le Pen gouverner la France contre les musulmans. Nous demandons au gouvernement français de revenir à la raison et de ne pas attenter à l'islam qui doit pouvoir être pratiqué partout en France. Nous le redisons : la charia est notre loi commune, supérieure aux lois de la République française. » La France est avertie. Les islamistes ne lui accorderont aucun répit. Cela dure depuis 1995. Le lendemain de cette tuerie, dès 7 heures, des centaines de Parisiens se rassemblent devant la Comédie-Française. Ils y déposent des fleurs dans un silence pesant.

CHAPITRE 13

DÉNOUEMENT

La grogne monte dans le pays. Le capital de confiance du président fond comme neige au soleil. Il se résout à dissoudre l'Assemblée nationale. La droite classique – les LR notamment – remporte les législatives. Quatrième cohabitation dans l'histoire de la Ve République. Xavier Bertrand devient Premier ministre. Trois ans et demi plus tard, Édouard Philippe succède à Éric Zemmour.

Le président est fatigué. L'attentat à la Comédie-Française l'a secoué. Après dix-huit mois à l'Élysée, aucune grande réforme n'a été votée. « Finalement, se dit-il, mon prédécesseur n'avait pas tort lorsqu'il ironisait sur les Gaulois réfractaires ou lorsqu'il déplorait que la France était irréformable. » Le psychodrame qui se joue depuis des mois sur la réforme de la retraite est révélateur. Tout le monde s'accorde pour dire que l'âge de la retraite doit être reculé. Or, aucun gouvernement ne parvient à faire voter l'âge de départ à 64 ans.

Les syndicats, pour une fois unis, donnent de la voix et promettent une grève générale si la retraite à 60 ans est abandonnée. Tout aussi préoccupant, des permanences d'élus du Rassemblement national et du parti du président, Reconquête, sont taguées. À Fréjus, en Seine-Saint-Denis, dans la banlieue lyonnaise, notamment à Bron, et Rillieux-la-Pape, des tirs de mortier visent les commissariats de police. À gauche, comme à droite, on raille le désordre créé par l'arrivée au pouvoir d'Éric Zemmour. Quelques députés lepénistes s'impatientent. Ils trouvent le président « trop » mou. La direction du renseignement territorial écrit une longue note pour le ministre de l'Intérieur. Son contenu a de quoi alarmer : la population est de plus en plus énervée par la perte du pouvoir d'achat. Le prix de l'essence ne fait qu'augmenter. Des milliers de citoyens éprouvent de grandes difficultés à régler leurs impôts. Un phénomène nouveau. Les ronds-points redeviennent le lieu de discussions et de rencontres. Les Gilets jaunes réapparaissent.

L'atmosphère est lourde. Le président doit réagir. D'instinct, il pense à dissoudre l'Assemblée nationale. Le pari est risqué. Il consulte, dans le plus grand secret, le volubile Gilbert Collard, Louis Aliot, maire de Perpignan, Jacques Bompard, le maire d'Orange, son avocat Olivier Pardo, Jean-Richard Sulzer, conseiller régional des Hauts-de-France, ex-professeur à Dauphine, et une nouvelle élue en Paca qui a toute sa confiance, Alexandra Masson-Bettati, avocate au barreau de Nice, ancienne adhérente de l'UMP, et épouse d'Olivier Bettati, également avocat, ancien de l'UMP, jadis conseiller municipal de Menton et proche de Marion Maréchal dont il fut la tête de liste dans les Alpes-Maritimes, lors des régionales de 2015.

À l'issue de quarante-huit heures de réflexion, la sentence tombe : dissolution de l'Assemblée nationale. Certes, il y a des risques. Personne n'a oublié la dissolution ratée de Jacques Chirac, en 1997, qui fit revenir le PS au pouvoir pour une troisième cohabitation avec Lionel Jospin à Matignon. « Après tout, pense le président, si nous gagnons, ce sera tout bénéfice pour nous, et si nous perdons, nous aurons prouvé que nous sommes des démocrates. N'en déplaise à nos adversaires. »

Le premier tour des élections législatives est prévu pour le dimanche 19 novembre 2023. Le second le 26. La presse est unanime : elle approuve la dissolution.

Selon un sondage Ifop, le groupe LREM pourrait perdre entre 140 et 150 sièges. Le RN est en perte de vitesse, mais avec le bon score de Reconquête – 40 à 50 sièges –, l'extrême droite reprendrait des couleurs. La France insoumise pourrait être dévastée. Le PS et Les Verts remonteraient la pente avec une centaine d'élus. De loin, ce sont les LR qui devraient retrouver le plus d'air frais avec plus de 200 députés. D'abord, parce que leur parti présente un programme de législature clair et remet au goût du jour une mesure qui plaît aux couches populaires : la participation si chère au général de Gaulle. Déroutants Français ! Lorsque le chef de la France libre présidait le pays, la participation suscitait ricanement et scepticisme, et voilà que, soixante ans plus tard, le concept séduit. Ce parti a compris l'état psychique des Français, et a compris qu'ils veulent de plus en plus un État protecteur qui ne laisse personne au bord du chemin. C'est une promesse. Pour l'heure, les électeurs la croient. Pourquoi ne pas tenter ? Mais il n'y a pas que cela : les LR proposent un grand plan de rénovation des quartiers sensibles, à la manière de celui que suggérait Jean-Louis Borloo, l'ancien ministre de la Ville de Nicolas Sarkozy, il y a cinq ans, et la construction d'écoles primaires, de lycées et de collèges accompagnée du recrutement dans les cinq années à venir de 4 000 à 5 000 enseignants.

23 novembre, 20 heures. Trois jours avant le second tour des législatives, les LR organisent un grand meeting à

la porte de Versailles. Un meeting façon RPR. Grandiose. Le show-biz est venu en force : Michel Sardou, Didier Barbelivien... Présents aussi Jeff Panacloc, le ventriloque, et son petit singe, Jean-Marc, qui improvisent un dialogue entre Éric Zemmour et Emmanuel Macron. À moitié drôle. Plutôt de mauvais goût. Témoin, les applaudissements très timides auxquels il a droit.

À dire vrai, les 9 000 à 10 000 personnes qui ont fait le déplacement n'ont d'yeux que pour les vedettes du parti : François Baroin, le maire de Troyes, Gérard Larcher, le président du Sénat, Valérie Pécresse, Bruno Retailleau, Éric Ciotti, qui, après quelques velléités d'infidélité du côté du RN, revient au bercail. Xavier Bertrand est là, lui aussi. À ses côtés, son ami Damien Abad, toujours président du groupe LR à l'Assemblée nationale. François Baroin est chargé du grand discours. Un choix fait à l'unanimité. Dans l'euphorie d'une victoire aux législatives qui se profile, beaucoup chez les LR en sont convaincus : Baroin cédera à l'appel du peuple et briguera l'Élysée en 2027. On le dit dilettante, insouciant, éloigné des jeux de pouvoir. Aujourd'hui, il ne peut plus reculer. Il doit aller à Matignon. Et après, l'Élysée lui est promis. Il doit penser à son père si aimé, Michel, homme d'une grande envergure, franc-maçon, ancien Grand Maître du Grand Orient de France, qui, lui aussi, un temps, avait été tenté par l'aventure. Hélas ! Sa mort tragique dans un accident d'avion, au Cameroun, en 1987, l'en empêchera.

À l'applaudimètre, Baroin engrange le plus de points, grâce à quelques envolées lyriques dont il est familier : « Mes amis, mes compagnons, nous sommes près du but. Encore quelques jours de patience. Nous sommes bien en novembre, mais avec ce soleil qui a pointé son nez cet après-midi avec cette jeunesse enthousiaste, généreuse, qui est largement présente ce soir, je sens quelque part que le printemps arrive. Ce printemps que nous attendons depuis des mois et dont nous avons été privés à cause d'un parti et d'un exécutif sectaires, qui ne pensait qu'à une chose, conserver le pouvoir pour lui-même. » (« Baroin, Baroin… », reprennent les participants.) Le maire de Troyes poursuit : « Mes amis, mes compagnons, à cet instant, je pense à un homme qui a beaucoup fait pour notre pays, qui a montré son courage en œuvrant pour la paix… Je pense à ces meetings chaleureux auxquels j'ai participé avec lui, des années durant, je veux parler de Jacques Chirac, à qui nous devons rendre un hommage appuyé. » (Chirac, le nom magique, immédiatement repris par 7 000 personnes ; il envahit le parc des Expositions.)

Baroin poursuit : « Je n'oublie pas son épouse, Bernadette, et Claude, sa fille, qui vient à son premier essai d'être élue brillamment conseillère départementale de Corrèze, cette terre qu'aimait par-dessus tout la famille Chirac. Nous devons prendre exemple sur l'ancien président de la République et son humanisme. Il nous a montré le chemin. Celui de la tolérance. Quelle que soit notre origine ou notre couleur de peau. Suivons-le. Vive la République ! Vive la France ! »

Le 26 novembre au soir, après le second tour des législatives, l'Assemblée nationale présente une nouvelle physionomie. Les LR comptabilisent 243 députés, les socialistes avec les écologistes 116, la LREM 104 et les lepénistes 92, en incluant les 51 du parti de Zemmour, *Reconquête*. Le PC en compte 15. La France insoumise est réduite à peau de chagrin avec 7 députés. C'est l'heure du choix : qui pour succéder à Laurent Wauquiez ? Un casse-tête. Aucun parti ne détient la majorité absolue. Mais il est clair que le Premier ministre doit être choisi parmi Les Républicains. Dans une interview au *Figaro*, Christian Jacob, le président du parti, que l'on ne cesse de voir, tout guilleret, courir les plateaux de télévision, a été très clair sur le sujet : une alliance pourrait être envisagée avec quelques élus LREM. Un peu comme en Paca (Provence-Alpes-Côte d'Azur), à l'occasion des élections régionales de juin 2021. Et Jacob de donner le nom de l'oiseau rare pour Matignon : François Baroin. Une idée fixe. Sauf qu'on ne voit pas pourquoi le maire de Troyes qui a dit non à maintes reprises à l'Élysée dirait oui pour Matignon.

Chez Les Républicains, pendant quarante-huit heures, les conciliabules succèdent aux conciliabules. Des noms sont lancés : Gérard Larcher, Bruno Retailleau, Laurent Wauquiez, Xavier Bertrand, Valérie Pécresse, Michel Barnier. Excepté les trois premiers, ce sont les mêmes qui étaient déjà candidats à la candidature pour la présidence de la République à l'automne 2021. Rien d'original. Jusqu'à ce qu'un petit cercle, mi-sérieux, mi-sur le ton du pourquoi pas, évoque le nom de David Lisnard, nouveau président de l'Association des maires de France, qui s'est taillé un franc succès lors de la campagne de vaccination.

Certains font la moue. « Pas assez connu, pas de surface nationale », rétorquent-ils. Argument non recevable. Et Georges Pompidou, Jean Castex étaient-ils connus lorsqu'ils ont été nommés Premiers ministres ? Qui peut oser dire en 2022 qu'ils ont échoué dans leurs missions ? Voilà ce qu'on entend du côté des partisans du maire de Cannes. L'ancien monde est de retour. Au bout de vingt-quatre heures, fumée blanche au siège des LR. Xavier Bertrand est proposé au président pour Matignon. Il n'est pas très chaud. Avoir été candidat à la présidence de la République, puis Premier ministre, est-ce vraiment raisonnable ? N'y a-t-il pas un risque de passer pour un loser ? N'est-ce pas s'exposer, une nouvelle fois, aux sarcasmes de ses « amis » ?

Le chef de l'État, quant à lui, réfléchit. Cette défaite aux législatives, au bout de dix-huit mois de pouvoir, il n'y croyait pas. C'est un coup de massue. L'omniprésente Sarah a beau lui dire qu'en politique, les défaites ne sont jamais irréversibles, notre président s'en veut. « Peut-être ai-je été trop clivant, trop cash, répète-t-il.

— Pas du tout, monsieur le président, le coupe *illico* Sarah. Tu sais, les Français aiment être bousculés, ajoute-t-elle.

— Je sais Sarah, tu as raison. Pour l'heure, j'ai une préoccupation : choisir un successeur à Wauquiez, éphémère Premier ministre. »

Le président n'aime guère les LR, parti qui se réclame peu ou prou du gaullisme, et dont les anciens ont bradé l'Algérie. Puisqu'il faut choisir un Premier ministre dans leurs rangs, il a un nom en tête, mais il sait qu'il sera recalé par Les Républicains : Éric Ciotti, le député des Alpes-Maritimes, jadis assistant parlementaire de Christian Estrosi, le maire de Nice. Aujourd'hui, les deux hommes sont brouillés. Ils ne se parlent plus.

Finalement, conformément aux vœux des LR, le chef de l'État sollicite Xavier Bertrand. Si les deux hommes ne s'aiment guère, ils aiment la bagarre. Bertrand veut prouver qu'en période de cohabitation, le Premier ministre est le patron, et qu'il décide de la politique à suivre. Le président, quant à lui, regarde. Observe. Un point, c'est tout. Et puis, si Xavier Bertrand accepte Matignon, c'est parce qu'il y voit la dernière chance de goûter aux délices du pouvoir. Quant au chef de l'État, s'il nomme le président des Hauts-de-France à Matignon, c'est avec le secret espoir qu'il ne mène pas à bien sa mission ! Machiavel toujours vivant !

Le surlendemain, le mercredi 29 novembre, vers 11 heures, le président des Hauts-de-France, pour quelques heures encore – il ne peut cumuler les deux fonctions –, se rend à l'Élysée. Le président l'attend sur le perron. Voilà qui réchauffe l'atmosphère. Pendant une demi-heure, le chef de l'État et le Premier ministre pressenti s'enferment dans le bureau présidentiel. L'ancien ministre de Nicolas Sarkozy se montre carré : « Je demande le respect par vous et moi de la Constitution. Rien que la Constitution. Je veux pouvoir nommer mes principaux ministres, Affaires étrangères, Intérieur, Économie, Justice, sans que vous y opposiez votre veto. *Idem* pour les ambassadeurs, les préfets et les principaux chefs de la police. Je souhaite également que les expulsions de délinquants étrangers se fassent dans les meilleures conditions possibles. » En effet, quelques incidents graves ont heurté la population, des expulsés ayant été parfois brutalisés sans motif apparent.

« Sur la proportionnelle, que vous appelez de vos vœux, soyez prudent. Ce type de scrutin serait un retour aux errements de la IVe République et rendrait le pays ingouvernable. À propos de la politique étrangère, je souhaite que la France se situe à égale distance des États-Unis et de la Russie pour que nous retrouvions les fondamentaux de la politique étrangère du général de Gaulle. Vous savez, monsieur le Président, que les voyages fréquents de certains de vos proches en Russie, ainsi que leurs relations parfois malvenues avec des oligarques, sont scrutés par nos services de renseignement. Voilà ce que je tenais à vous dire, en toute loyauté, monsieur le Président. Nous avons un peu plus de trois ans à travailler pour le bien de la France. Que cela se fasse dans les meilleures conditions possibles, au-delà de nos divergences politiques. » Le chef de l'État écoute. Exaspéré. Le ton de son Premier ministre ne lui plaît guère. L'entretien, plutôt le monologue, de Xavier Bertrand touche à sa fin. C'est alors que le Président lâche : « Vous vous souvenez, monsieur le Premier ministre, lorsque vous avez remporté l'élection régionale dans les Hauts-de-France, le 27 juin 2021, vous aviez lancé, fier de vous :

“Nous avons brisé les mâchoires du Rassemblement national.” Certes, vous vous adressiez à Mme Le Pen et non à moi et mes troupes. Vous n’ignorez pas, monsieur Bertrand, que Mme Le Pen et moi-même sommes unis par un cousinage qui remonte à des années. Je peux vous le dire, nous ne laisserons rien passer, toute attaque lancée contre moi et nos amis se terminera devant les tribunaux. » Cousinage ! Après les méchancetés parfois dures échangées entre Éric Zemmour et Marine Le Pen, comment ne pas sourire ?

Xavier Bertrand ne moufte pas. Une cohabitation de combat s’installe. Grâce à l’habileté de ministres comme Retailleau chargé des Collectivités territoriales, Wauquiez qui revient au gouvernement comme ministre des Affaires étrangères, David Lisnard à la Culture, la cohabitation se fera moins guerrière qu’on n’aurait pu l’imaginer. Bizarrement, c’est au sein du gouvernement que quelques bisbilles se font jour. En cause, la nomination de Gérald Darmanin, qui retrouve la place Beauvau. Ministre sous Macron, ministre sous Bertrand et demain, ministre d’un socialiste ? « Caméléon », « Gégé la veste retournée », l’ancien maire de Tourcoing en prend pour son grade, même si bon nombre d’observateurs estiment que, sous Macron, il a fait le job. Du côté de La République en marche, on a également l’esprit moqueur… Écoutons le grognard de la macronie, qui remettrait le Christ en croix si Macron lui en intimait l’ordre, Richard Ferrand, ancien président de l’Assemblée nationale. Voici ce qu’il déclare en *off* aux journalistes : « J’avais prévenu Emmanuel Macron ; ce jeune homme a une colonne vertébrale très souple. Il n’a pas d’idéal. Il se prend pour un romantique mais il n’est qu’un opportuniste. Ce n’est pas pour rien qu’on le surnomme le Rastignac de Tourcoing. Mais je reconnais que depuis fort longtemps nous n'avions pas eu un ministre de l'Intérieur de cette trempe. »

Cette quatrième cohabitation sera la moins cohabitationniste ! Pendant trois ans, les deux têtes de l'exécutif passent le plus clair de leur temps à se neutraliser. Aucune réforme tangible n'est votée. Rien sur les retraites. Rien pour le pouvoir d'achat. Rien pour la jeunesse. Cette jeunesse que l'on abreuve de promesses, en période électorale, mais qui ne voit rien venir. Rien pour le climat. Rien pour les personnes en situation de handicap. Rien pour les soignants, portés au pinacle au début de la crise sanitaire – qui ne se souvient pas des applaudissements ? –, aujourd'hui relégués aux magasins de l'oubli ? Quant à l'introduction de la proportionnelle, promise depuis des années, elle est renvoyée aux calendes grecques, ainsi que le souhaite Xavier Bertrand. La France devient une République rabougrie. Elle n'a pas de grands projets, notamment dans le domaine culturel. Éric Zemmour et Xavier Bertrand forment un étrange attelage. Comment un gaulliste pourrait-il s'entendre avec un président qui puise dans l'antigaullisme, quoiqu'il s'en défende, les racines de son engagement ?

Ils ne sont d'accord que sur quelques points, comme l'expulsion des fichés S, des salafistes et des délinquants étrangers. Sur l'abaissement de la majorité pénale à 16 ans, il y a consensus entre les deux têtes de l'exécutif. C'était une idée du candidat Fillon en 2017. Sauf que l'article 122-8 du Code pénal stipule clairement : « Les mineurs capables de discernement sont pénalement responsables des crimes, délits ou contraventions dont ils ont été reconnus coupables. » Si un mineur de 10 ans ne peut subir que des mesures éducatives, celui de 11 ou 12 ans risque des sanctions éducatives. À partir de 13 ans, il peut être condamné à une peine de prison, mais qui ne peut excéder la moitié du maximum pour un majeur coupable des mêmes faits.

Les tenants de l'abaissement de la majorité pénale – sur ce point précis, on vient de le souligner –, Éric Zemmour et son Premier ministre, sont sur la même ligne. Mais il y a un hic que personne n'a vu : la réduction de l'âge de la majorité pénale est inconstitutionnel. Pourquoi ? Parce que la France a ratifié la Convention internationale du 20 novembre 1989, relative aux droits de l'enfant. Or, selon ce texte, la France a accepté de ne pas traiter les enfants de moins de 18 ans comme les adultes. De plus, en 2002, le Conseil constitutionnel a estimé que la majorité à 18 ans a une valeur constitutionnelle. CQFD. Exit la majorité pénale à 16 ans ! Sauf à recourir au référendum. Sur l'AME (aide médicale d'État) qui coûte 1 milliard d'euros à la collectivité nationale, des contrôles ont permis de réduire le nombre des bénéficiaires indus. La mesure a suscité l'ire des syndicats et des associations humanitaires, ces derniers soulignant, à juste titre, la faiblesse des économies réalisées. Têtu, Xavier Bertrand est revenu à la charge sur sa volonté d'instaurer une peine de sûreté de cinquante ans pour les individus condamnés pour terrorisme. Une proposition qu'il avait formulée lors de l'annonce de sa candidature à l'Élysée en juin 2021. En prime, avec effet rétroactif. Le chef de l'État a éclaté de rire quand il a appris ce projet. *Idem* du côté des LR, qui savaient le Premier ministre insuffisant en droit, mais pas à ce degré-là ! En effet, la loi ne peut être rétroactive. Un principe immuable auquel seul le maréchal Pétain avait osé se soustraire. Du coup, *exit* le projet de l'ancien président des Hauts-de-France. Ainsi va la cohabitation, cahin-caha…

La délinquance exaspère toujours la population. Les rodéos se poursuivent un peu partout. Les féminicides ne cessent pas. La presse n'en finit pas de révéler les agressions sexuelles ou viols commis par telle ou telle célébrité, qu'elle vienne du monde politique ou du show-biz.

On parle beaucoup de justice ces temps-ci. Des faits divers s'y prêtent. Chacun donne son avis sur la récidive, sur l'irresponsabilité pénale, sur la légitime défense. Des étrangers, on l'a vu, fichés S, ont été expulsés. Environ une centaine par an. Le trafic de drogue se porte bien malgré la vigilance de la police. Les commissariats de police sont périodiquement attaqués. La laïcité est taillée en pièces. Le communautarisme s'enracine. Les lois n'y changent rien. La France se racialise de plus en plus. Chaque été, les journaux posent la question rituelle : faut-il tolérer le burkini ? Faut-il instaurer des horaires spécifiques pour les jeunes filles dans les piscines ? Lors des différents scrutins resurgit les questions rituelles : une femme assesseur, dans un bureau de vote, peut-elle porter le voile, sans attenter à son devoir de neutralité ? Autre interrogation : les mères de famille qui accompagnent des élèves lors de sorties scolaires doivent-elles s'abstenir de porter un voile ? Rien de nouveau sous le ciel de M. Zemmour.

Nos élus sont dépassés. La gauche ne sait plus ce qu'est la laïcité. Sait-elle encore ce qu'est la République, elle qui se compromet avec le communautarisme ? La droite ne fait pas mieux, elle qui, en Seine-Saint-Denis, à l'occasion des élections municipales, accepte la présence de listes masquées, se revendiquant d'un islam politique.

Les chaînes d'information continue ont toujours autant de succès. Un dirigeant de chaîne songe à confier un grand journal télévisé du soir à Cyril Hanouna. Il débuterait à 19 heures et finirait vers 20 h 30. Des centaines de milliers de Français dîneraient chaque soir en compagnie de l'amuseur public de *Touche pas à mon poste*…

Début 2027. Éric Zemmour termine son mandat. Ce n'est pas une surprise : il ne se représentera pas. Était-il en capacité de le faire ? Il continuera d'écrire. Surtout des romans. Son entourage laisse entendre qu'il pourrait être candidat à l'Académie française. En attendant, il s'apprête à rejoindre le Conseil constitutionnel, comme tout ancien Président, après l'élection de son successeur. L'Académie, les livres, le Conseil constitutionnel, ses amis ironisent : « Vous vous giscardisez, monsieur le président. C'est le même parcours que l'ancien Président après son départ de l'Élysée. »

Emmanuel Macron avait décidé de ne pas siéger au Conseil constitutionnel, préférant s'investir comme professeur d'économie à la prestigieuse Economics School de Londres. Un poste intéressant et pratique à la fois : Le Touquet, là où il passe ses vacances, se trouve à un jet de pierre de la capitale de la Grande-Bretagne.

L'ancien président Macron suit toujours les affaires du pays. Il a commencé à rédiger ses mémoires. Il évoquera la crise sanitaire qui a plombé la deuxième partie de son quinquennat et reviendra sur ces « gaulois réfractaires » qu'il n'a pas toujours compris. À quelques journalistes qui viennent le voir au Touquet, il confie qu'il n'est pas mécontent de voir la parenthèse Zemmour s'achever. Tout comme il est heureux de voir qu'Édouard Philippe, en lançant à Angers son mouvement Horizons, poursuit un objectif à peine caché, même quand il taille sa barbe, être candidat, en cette année 2027, à la présidence de la République. Macron apprécie son ancien Premier ministre, à la fois pour ses compétences, mais aussi pour son côté dandy et détaché. Quelques anicroches, sévères, ont eu lieu entre les deux hommes, mais rien à voir avec des relations type Giscard-Chirac ou Sarkozy-Fillon. Loyal, Édouard Philippe avait clairement indiqué que pour 2022 son cœur balançait pour le Président sortant. Brigitte a apprécié. Pourtant, bien qu'estimé des Français, le maire du Havre ne fait pas l'unanimité au sein des macronistes. On lui reproche de jouer « perso ». De ne pas avoir adhéré à La République en marche comme l'a fait Bruno Le Maire. Quant à l'opinion, très chatouilleuse quand on évoque la voiture, elle n'a guère apprécié que le Premier ministre Édouard Philippe limite, en avril 2019, contre l'avis de Macron, la vitesse à 80 km/h sur les routes départementales. Un conseiller de Macron – spécialité : les ragots mi-vrais, mi-faux – l'affirme : au bout de deux ans et demi, Macron ne pouvait plus « saquer » son Premier ministre.

Qu'importe, l'ex-Premier ministre aura un mouvement à sa botte, ce qui n'aurait pas été le cas en rejoignant La République en marche. Il peut s'appuyer sur une bande qui lui sera dévouée le moment venu, ayant parfaitement conscience que ce n'est pas un long fleuve tranquille qui l'attend. Il sait que si la Cour de justice de la République (CJR) engage des poursuites contre lui dans le cadre de l'information judiciaire sur la gestion de la crise sanitaire, ses anciens amis ne lui feront pas de cadeaux. En tous cas pas François Bayrou qui n'apprécie guère l'intrusion du maire du Havre. Une intrusion qui élimine le maire de Pau de la course à l'Élysée en 2027. Il est vrai qu'il sera alors âgé de 76 ans…

*

Mai 2027. Après une campagne relativement calme, où l'on a encore beaucoup parlé de sécurité, de paix sociale, d'égalité, de respect, de tolérance, de santé, la Covid-19 rôde toujours – le maire du Havre est élu président de la République au second tour, avec 61 % des voix, contre 39 % au candidat unique de la gauche – sans La France insoumise –, Yannick Jadot. Au premier tour, Marion Maréchal a recueilli 14 % des voix. L'aide que lui a apportée Éric Zemmour n'a pas suffi.

Édouard Philippe a choisi comme Premier ministre Christophe Béchu, maire d'Angers depuis 2014, qui mène dans sa cité une politique offensive en matière d'emploi. Gilles Boyer, le double, l'acolyte, l'ami, le complice, sera le conseiller spécial du Président. Un peu comme Jacques Attali, en son temps, avec François Mitterrand. Le soir de sa victoire, Édouard Philippe envoie ce message à Alain Juppé : « Merci, Président, cette victoire est aussi la vôtre. Sans vous, vos conseils, je n'y serais jamais arrivé. Avec ma reconnaissance éternelle. » Les élections législatives se déroulent comme le nouveau pouvoir le souhaitait : les candidats étiquetés Horizons détiennent la majorité absolue à l'Assemblée nationale, grâce à la cinquantaine de députés de La République en marche qui sont passés avec armes et bagages chez Édouard Philippe, lors de l'entre-deux tours des législatives.

*

La France, pendant plusieurs mois, privée de rêve – le Coronavirus y a mis du sien –, n'attend qu'une chose : retrouver l'espoir…

Comment ne pas évoquer *Le Guépard*, le film de Visconti ? « Il faut que ça change pour que rien ne change. » La France a connu une période tourmentée lors du quinquennat d'Éric Zemmour. Comme sous la gauche ou la droite, la rue a été agitée.

Édouard Philippe, le nouveau locataire de l'Élysée, veut apaiser. Un grand programme d'urbanisme va être lancé. Notre dette, gigantesque – près de 3 000 milliards d'euros –, doit être remboursée. Les cités, endroits propices aux trafics et à la violence, seront détruites. L'école réhabilitée. Pas plus de 15 ou 18 élèves par classe. Des maisons de la Culture et de la Jeunesse vont voir le jour. Au moins deux ou trois par région. Un programme de 20 000 places de prison va être lancé dans les prochains jours, promet le maire du Havre. Ce n'est pas un mirage. La France doit avoir de grands projets, industriels, culturels. Le pays doit en finir avec cette période cafardeuse. Mais le plus important est peut-être le fil rouge du quinquennat Philippe : la prise en compte une fois pour toutes du changement climatique. Regardez ces pluies de grande ampleur, ces glissements de terrain géants qui rayent de la carte des villages entiers, ces volcans en éruption qui ne se calment pas. Pensez à ces centaines de milliers d'Africains contraints de devenir des migrants climatiques. Si nous restons immobiles, ce sera la mort de notre planète.

En attendant, les craquements se font sentir dans la classe politique. Chez Les Républicains, la scission est proche : les durs (Ciotti, Morano) envisagent de quitter le parti pour en créer un autre. Au Rassemblement national, quelques hauts cadres, insatisfaits de la campagne et de la défaite de Marine, quittent le navire et rejoignent Reconquête, le mouvement d'Éric Zemmour qui compte près de 100 000 adhérents. Ils sont aidés en sous-main par Marion Maréchal, brouillée définitivement avec sa tante. « Nous devons reconstruire un parti de masse, avec toutes les composantes de la droite », martèle l'ancienne députée du Vaucluse. À La République en marche, la situation n'est guère meilleure. Une quantité non négligeable d'élus ont abandonné la vie politique. Certes, bon nombre d'entre eux étaient remplis de bonne volonté, mais certains étaient plutôt des naïfs sympathiques, aux idées fluctuantes et à la morale très élastique.

« Nous devons construire un parti structuré, populaire, à l'image du RPR ou du PS des années 1980 », déclare Gabriel Attal. L'ancien porte-parole du président Macron s'en charge. De l'ambition, il en a à revendre. Au PS, ce n'est même pas la convalescence. L'encéphalogramme est toujours plat. Pas de leader charismatique à l'horizon. Les écolos ont encore du mal à séduire l'opinion. À l'extrême gauche, pas de survie : Jean-Luc Mélenchon, certes encore gaillard, prend sa retraite. La nouvelle génération arrive. Déjà, on évoque une présidentielle pour 2032, opposant Marion Maréchal à Gabriel Attal… Il faut que tout change pour que rien ne change.

Du même auteur

L'argent facile. Dictionnaire de la corruption en France, Stock, 1991

Un juge face au pouvoir. De la gauche à la droite, les secrets de Renaud Van Ruymbeke, en collaboration avec Roland-Pierre Paringaux, Grasset, 1994

Les Épinglés de la République, JC Lattès, 1995

Le roman d'un séducteur. Les secrets de Roland Dumas, JC Lattès, 1998

Monsieur Halphen, vous n'avez pas tout dit, JC Lattès, 2002

L'homme qui en sait trop. Alfred Sirven et les milliards envolés de l'affaire Elf, en collaboration avec Jean-Marie Pontaut, Grasset, 2002

Le piège. Les réseaux financiers de Pierre Falcone, Plon, 2002

Règlements de compte pour l'Élysée. La manipulation Clearstream dévoilée, en collaboration avec Jean-Marie Pontaut, Oh! Éditions, 2006

L'art de retourner sa veste. La trahison en politique, Éditions du Rocher, 2007

Rachida Dati, est si on parlait de vous? Jean-Claude Gawsewitch, 2009

La corruption en France. La République en danger, François Bourin, 2012

Les journalistes ne devraient pas dire ça. Quand la presse va trop loin… ou pas assez, Éditions du Toucan, 2017

Les Arrogants, Éditions l'Artilleur, 2018

Pilleurs d'Afrique, Éditions du Cerf, 2019

pca
cmb
édition pré-presse
livres numériques
44400 Rezé

Imprimé en France par CPI
en janvier 2022

Dépôt légal : janvier 2022
N° d'impression : 165724